⑳ **美容の仕事**
美容師、エステティシャン、ネイルアーティスト
ビューティーアドバイザー、化粧品研究者、美容皮膚科医

―――――― 第4期 全7巻 ――――――

㉑ **エコの仕事**
再生可能エネルギー電力会社広報
フードバンク職員、エシカル商品の企画
国立環境研究所研究員、リサイクル商品ブランディング
フェアトレードコーディネーター

㉒ **鉄道の仕事**
鉄道運転士、鉄道運輸指令員、鉄道車両製造、駅弁開発
乗り換え案内サービスシステム開発、鉄道カメラマン

㉓ **アートの仕事**
クリエイティブソリューション営業、学芸員
イラスト投稿サイトプランナー、画材研究開発
絵画修復士、アートディレクター

㉔ **法律の仕事**
裁判官、弁護士、検察官、弁理士、労働基準監督官
サイバーセキュリティ対策本部警察官

㉕ **ベビーの仕事**
産婦人科医、ベビーカー開発、液体ミルク開発
プレイリーダー、ベビー服デザイナー、病児保育士

㉖ **エンタメの仕事**
テーマパークスーパーバイザー、舞台衣裳スタッフ
映画配給会社宣伝、音楽フェスグッズ企画
インターネットテレビ局チャンネルプロデューサー
チケット仕入営業

㉗ **防災の仕事**
災害対応ロボット開発者、ドローンパイロット
災害救助犬訓練士、構造設計者、消防車開発者
気象庁地震火山部職員

―――――― 第5期 全5巻 ――――――

㉘ **ICTの仕事**
小学校教諭情報主任、クラウドファンディング会社広報
オンライン診療営業、スマート農業技術開発
VR動画サービスプロジェクトマネージャー
サイバーセキュリティエンジニア

㉙ **感染症の仕事**
感染症研究員、PCR検査
福祉アートプロダクト
感染対策商品研究、行

㉚ **宇宙の仕事**
天文学者、国際宇宙ステーション運用管制官
月面探査車開発、アルファ米商品開発
プラネタリウム解説員、スペースデブリ除去システム開発

㉛ **水の仕事**
天然水商品開発、水質検査員、浴室商品開発
ラフティングインストラクター、下水道施設職員
温泉施工管理

㉜ **文字の仕事**
タイプデザイナー、書道家
LINEスタンプクリエイター、速記士、点字触読校正者
キーボード商品デジタルマーケター

―――――― 第6期 全5巻 ――――――

㉝ **SDGsの仕事**
電気自動車マーケティング、団地リノベーション設計
新素材開発会社人事、日本財団職員
ジェンダーフリーファッションデザイナー
代替食品研究開発

㉞ **空の仕事**
パイロット、グランドスタッフ、航空機エンジン開発
機内食メニュープロデュース、検疫官、航空管制官

㉟ **音楽の仕事**
ライブ配信アプリディレクター
歌声合成ソフトウェア関連商品管理
フリースタイルピアニスト
音楽配信アプリコンテンツプロデューサー
JASRAC職員、ゲームサウンドクリエーター

㊱ **健康の仕事**
シューズ商品企画、オンラインヨガインストラクター
体組成計開発、健康食品マーケティング
アスレチックゲーム宣伝、寝具メーカー広報

㊲ **アウトドアの仕事**
アウトドアウォッチ商品企画、アウトドア商品企画、森林官
スポーツ自転車設計、キャンピングカーデザイナー
グランピング施設スタッフ

キャリア教育に活きる！

仕事ファイル

センパイに聞く

50

インバウンドの仕事

ホステルのマネージャー
旅行プランナー
ヴィーガンレストランのプロデューサー
防災アプリディレクター
インバウンドメディアの運営

小峰書店

小峰書店 編集部 編著

㊿ インバウンドの仕事

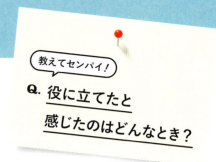

教えてセンパイ！
Q. 役に立てたと感じたのはどんなとき？

Contents

A. 海外からのお客さまに、日本での滞在を満足してもらえたとき！

File No.277
ホステルのマネージャー　04
番場えりさん／UNPLAN Kagurazaka

A.「日本に行くなら由海がいるよ」と友だちに紹介してもらえたとき！

File No.278
旅行プランナー　12
石川由海さん／みちトラベルジャパン

A. お客さまに「この場所をつくってくれてありがとう」と言われたとき！

File No.279
ヴィーガンレストランのプロデューサー　20
下川万貴子さん／TOKYO-T's

キャリア教育に活きる！**仕事ファイル**

※この本に掲載している情報は、2025年4月現在のものです。

A. ユーザーから「役立っている」「頼りにしている」という声をもらったとき！

File No.280
防災アプリディレクター ········ 28
大本 凜さん／アールシーソリューション

A. 『MATCHA』を見て日本への旅行を決めた人がいると知ったとき！

File No.281
インバウンドメディアの運営 ········ 36
青木 優さん／MATCHA

仕事のつながりがわかる
インバウンドの仕事 関連マップ ········ 44

これからのキャリア教育に必要な視点 50
インバウンド戦略の先にあるもの ········ 46

さくいん ········ 48

File No.277

ホステルのマネージャー
Hostel Manager

UNPLAN Kagurazaka
番場えりさん
入社3年目 28歳

海外からのお客さまがリラックスして過ごせる場所を提供します

ホステルは、寝室やトイレ・シャワー室を共同で使うことで、手ごろな値段で宿泊できる施設です。東京都新宿区の神楽坂にある、外国人旅行客向けのホステルでマネージャーをしている番場えりさんに、お仕事についてお話を聞きました。

Q ホステルのマネージャーとはどんな仕事ですか？

ホステルは、部屋に複数の2段ベッドが置かれているのが特徴の宿泊施設で、共同で使うトイレ・洗面台・シャワー室を備えています。宿泊料金の安さに加え、共有スペースで旅行者どうしが会話を交わし、交流が生まれる点が魅力です。私が働く「UNPLAN」は、おもにインバウンド※のお客さまに利用されているホステルで、滞在費を節約し、さまざまな人と交流したいという旅行客に喜ばれています。

国内に4店舗ある「UNPLAN」のうち、私は「UNPLAN Kagurazaka」のマネージャーをしています。マネージャーとは、店舗や施設の責任者のことです。私は従業員を指導するだけでなく、チェックイン・チェックアウトの対応やタクシーの予約などのフロント業務、トイレや部屋の清掃も、従業員と同じように行っています。館内のすべてに目を配り、どうすればもっと多くのお客さまが利用したくなるかを考えるのが私のおもな仕事です。

宿泊プランや料金を見直してホステルの売上をのばすことも私の役目です。これまでに、館内に併設されているカフェでの食事を組み合わせた宿泊プランや、桜の開花時期に合わせてさくらドリンクや抹茶ドリンクをセットにした「お花見宿泊プラン」を考えました。都内の桜の名所をのせた地図の提供も、評判がよかったです。そのほか、個人的に好きな店など、旅行サイトやガイドブックにはのっていない場所をお客さまに紹介することも、大事にしています。

番場さんのある1日

- 09:00 出勤。レジなどフロントまわりの確認、館内パトロール、メールチェック
- 11:00 宿泊客のチェックアウト対応
- 11:30 ベッドメイク、清掃
- 13:00 ランチ
- 14:00 料金見直し作業、イベントを企画
- 15:00 館内をチェック
- 16:30 宿泊客のチェックイン対応
- 19:00 夜勤の従業員へ引きつぎをして退勤

UNPLAN kagurazakaの宿泊プラン例。公式サイトを通して海外から宿泊予約ができる。日本語のほか、英語、中国語、韓国語での表示が可能。

UNPLAN Kagurazakaの概要といろいろな宿泊施設

ホステルは、多人数で共用するための設備が整った宿泊施設のこと。UNPLAN Kagurazakaには、2段ベッドが並んだ男女共用の寝室と女性専用の寝室のほか、3つの個室があり、合計63人が泊まることができる。

多くのホステルでは宿泊プランに食事はついていないが、カフェを併設しているUNPLAN Kagurazakaでは、朝食や昼食をセットにした宿泊プランも提供している。従業員は英語を話すことができ、海外出身の人も多い。

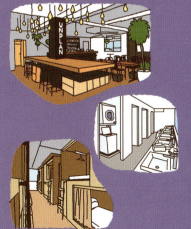

いろいろな宿泊施設とサービス

● ホテル
洋室にベッドを備え、部屋ごとにトイレとバスルームを設置した宿泊施設。朝食や夕食がつく場合が多く、料金は高め。

● 旅館
日本ならではの和室のある宿泊施設。客室での配膳や布団の上げ下げなど、人の手によるサービスに興味をもつ外国人観光客も多い。宿泊料金には、はばがある。

● 民宿・ペンション
住宅を利用して宿泊サービスを提供する施設。食事がつく場合が多く、和風の施設を民宿、洋風の施設をペンションとよぶ。料金はホステルや民泊よりも高め。

● 民泊（住宅宿泊）
住宅の全部または一部を利用し、宿泊サービスを提供すること。基本的に食事の提供は行われず、料金は安め。

用語 ※ インバウンド ⇒「外から内へ入ってくる」という意味の英語。旅行や観光の業界では、外国人が日本を訪れる旅行、または日本に来る観光客をさす。

仕事の魅力

Q どんなところがやりがいなのですか？

海外のお客さまとの出会いです。宿泊中のお客さまと仲良くなって、食事に行くこともありますよ。お客さまの京都への日帰り旅行についていったこともあります。ともに行動することで、日本に住んでいると気づけない日本のよさを発見できました。ホステルに泊まるのはバックパッカー（低予算で国外を旅する人）が多く、限られた時間で日本のいろいろな面を見たいという意欲のある人が多いですね。

ほかに、日本を旅行しながらここで働いて旅費をためる人や留学生の従業員もおり、仕事を通してふれあいを楽しんでいます。

午後3時、2段ベッドが並ぶ寝室で、宿泊管理アプリを見て、お客さんが宿泊中のベッドかどうかを確認する。

お客さんのチェックアウトを確認して、次のお客さんのために清掃し、ベッドを整える。

宿泊予定のお客さんが到着した。フロントへ案内をする番場さん。

トイレと洗面所のスペースに、洗濯機と乾燥機もある。「従業員の手本となるよう、完璧に掃除します」

Q 仕事をする上で、大事にしていることは何ですか？

チェックインの際に日本に来た理由を聞くなど、お客さまとのコミュニケーションを大事にしています。お客さまが大切な思い出をつくるお手伝いをするためです。

私は高校卒業後にアメリカ・ハワイの大学に進学し、学生寮や学生マンションを転々としながら、ハワイ島で4年間生活しました。日本とは何もかもがちがう環境で、私を支えてくれたのは人の優しさです。スーパーで探し物をしていると見知らぬおばあさんが手伝ってくれるなど、知らない人どうしでも声をかけ合う環境に救われました。その経験から、仕事を通じて人の助けになりたいと思っています。

Q なぜこの仕事を目指したのですか？

アメリカで学んだ英語や国際交流の経験を活かすためです。私が通っていた大学には、オーストラリア、ミクロネシアのほか、アジアやヨーロッパなど、さまざまな国の出身者が来ていました。日本で暮らしているだけでは出会えなかった人や、多様な価値観にふれた4年間だったので、帰国した後も国際色豊かな環境で働きたいと考えたんです。

宿泊業に強い興味があったわけではありませんでしたが、「UNPLAN Kagurazaka」ができたということを母から聞いたときに、「そこで世界中のお客さまと交流しながら働いたら楽しいだろうな」と思いました。

Q 今までにどんな仕事をしましたか？

アメリカから帰国後、約1年間東京スカイツリーの展望台への誘導員として働き、その後ストレッチトレーナーに転職しました。けれども、トレーナーの仕事では英語を使うことや海外の方に接する機会はほとんどなかったので、物足りなさを感じていました。そんなとき、あるお客さまから「海外での経験を活かさないともったいないよ」と背中を押してもらい、今の仕事に転職することを決意しました。

入社するときに、社長に「マネージャーになりたいです」と伝えて、当時UNPLAN Kagurazakaでマネージャーをしていた上司から仕事を教えてもらいました。そして約半年後にマネージャーの仕事をまかされました。展開が早くてびっくりしましたが、仕事は楽しくて、満足しています。

Q 仕事をする上で、難しいと感じる部分はどこですか？

接客や清掃の質に関して、どの従業員に対しても、ここまでのレベルは保ってほしいという最低ラインが私のなかにあります。例えば洗面所の清掃の場合だったら水滴を拭きとるとか、ベッドの清掃だったら隅にたまったホコリをとる、などです。私にはお客さまに満足して帰ってほしいという気持ちがあるので、できていないと気になります。

従業員には日本人も外国人もいますが、それぞれに育ってきた環境や文化のちがいがあります。それらを尊重しながら質の高い仕事を求めることが、なかなか難しいです。

- ノートパソコン
- ノート
- UNPLANのエプロン
- マイボトル

PICKUP ITEM

従業員の勤務表作成や料金の改定案作成など、マネージメント業務のすべてにノートパソコンを使用する。ノートには手書きで、思いついた期間限定のプランやイベント、カフェとの共同企画についてメモをする。いつもUNPLANのエプロンを身につけ、水分をとるためのマイボトルを携帯する。

外国人従業員から仕事の報告を受ける。「彼は留学生で、短期間のアルバイトをしてもらっています」

Q この仕事をするには、どんな力が必要ですか？

お客さまの目線に立った行動力です。お客さまによって求めることがちがうため、接客業はマニュアル通りに進めようとしてもうまく解決できないこともあります。相手のことを考えて、臨機応変に対応することが求められます。

例えば、メールの返信ひとつをとっても、聞かれたことだけに答えるのではなく、「くわしくはここにも掲載されていますよ」とWEBサイトのリンクをつけて送ります。そうすると、お客さまが自分で調べる手間が省けます。ひと手間の思いやりを加えることで、お客さまにとって旅の楽しみがひとつ増えるような接客を心がけています。

毎日の生活と将来

Q 休みの日には何をしていますか？

実家で犬を2匹飼っているので、仕事帰りに寄っていっしょに遊んでいます。それ以外は、スポーツジムにあるランニングマシンで汗を流したり、海や山に行って自然を楽しんだりして過ごしています。

自宅では、サブスクリプションの動画配信サービスに加入し、海外の映画やドラマをよく観ています。海外作品は長編のシリーズが多いので、観たい作品がどんどんたまってしまい、いつまでたっても観終わらないですね。

「私のお気に入りは、神奈川県鎌倉市の由比ヶ浜です。浜辺でのんびりして、陽が沈むのを見て帰るのが大好きです」

「実家に新しくやってきた、ラブラドール・レトリーバーです。2匹のお世話にてんやわんやです」

Q ふだんの生活で気をつけていることはありますか？

休みの日でも必ず化粧をして、髪も整えています。友人からさそわれたらすぐに出かけられるようにしていたいからです。また、毎日きちんと身なりを整えることは、自分のモチベーションを上げるためにも大切です。

ただ、つねに人と関わる仕事なので、ひとりの時間も大事です。仕事と休みを切りかえて活力ある生活を送るためにも、ときにはだれとも会わない日をつくり、運動や映画などを楽しむようにしています。

番場さんのある1週間

	月	火	水	木	金	土	日
05:00		睡眠	睡眠		睡眠	睡眠	睡眠
07:00		食事・準備	食事・準備		食事・準備	食事・準備	食事・準備
09:00		別店舗へ出勤					
11:00		ミーティング	出勤、フロントのチェック・パトロールなど		出勤、フロントのチェック・パトロールなど	出勤、フロントのチェック・パトロールなど	出勤、フロントのチェック・パトロールなど
13:00		自店舗へ移動	ベッドメイキング		事務作業	事務作業	ベッドメイキング
		スタッフミーティング					
15:00	休み	休憩	休憩	休み	休憩	休憩	休憩
		ベッドの清掃チェック	ベッドの清掃チェック		ベッドの清掃チェック	ベッドの清掃チェック	ベッドの清掃チェック
17:00		マネージメント業務など	マネージメント業務など		マネージメント業務など	マネージメント業務など	マネージメント業務など
		退勤	退勤		退勤	退勤	退勤
19:00		夕食	夕食		夕食	夕食	夕食
21:00							
23:00							
01:00		睡眠	睡眠		睡眠	睡眠	睡眠
03:00							
05:00							

週に2日間が休みで、この週は月曜日と木曜日が休み。火曜日だけ、神楽坂店以外の店舗へ出勤して会社のミーティングに参加した。

Q 将来のために、今努力していることはありますか?

大学時代に海外で暮らした毎日は、とても刺激的でした。あのころの日々を忘れられないので、いつか海外で働くことが目標です。そのために、今の職場で学べることはすべて学んで、貯金もがんばりたいです。

私は接客が好きで、お客さまによりよく接することにつとめていましたが、マネージャーになってから、売上も大事であることに気づきました。どんなによいサービスを提供しているつもりでも、売上がともなっていなければホステルの経営を続けられないからです。今後、海外に行っても、売上を気にしなくてよい仕事はないでしょう。この仕事をしているおかげで数字に対する苦手意識がなくなってきたので、将来に役立つと思います。

施設の屋上も、お客さんがくつろぐことができるスペースだ。「夜景がとてもきれいですよ」

ドイツからのお客さんがやってきた。「東京観光のおすすめスポットを聞かれたので、渋谷について教えてあげました」

Q これからどんな仕事をし、どのように暮らしたいですか?

私は、毎日同じことをしていると飽きてしまう人間なので、日々多くの刺激を受けられる環境で暮らしたいです。新しいことに挑戦したり、人との出会いを大切にしたりして、自分を成長させたいですね。でも、休みの日は仕事のことを忘れてのんびりと過ごしたいです。

10～20年後は、海外の宿泊施設などで観光の仕事にたずさわり、接客をしていたいですね。今の仕事が大好きなので、今後も世界中の人と関われたらうれしいです。

ホステルのマネージャーになるには……

海外の人と接する機会が多い仕事なので、大学や専門学校へ進学し、外国語や海外の文化の知識を深めるとよいでしょう。また、マネージャー職に就くには、まずは接客の経験を積むことが求められます。経営や市場調査に関する知識も役に立つため、ホテル系の専門学校や経済系の学部のある大学に進む人も多いようです。

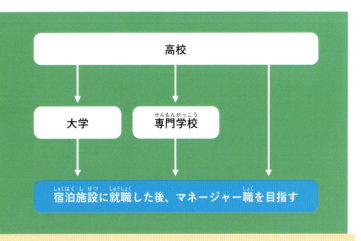

※ この本では、大学に短期大学もふくめています。

子どものころ

Q 小学生・中学生のとき、どんな子どもでしたか？

　座って勉強しているよりも、全身や手を動かすことが好きで、体育や図工、家庭科の授業が楽しみでした。足が速かったので、小学校の運動会ではクラス対抗リレーの代表選手に6年間連続で選ばれました。また、生まれたときから家に犬がいた影響で、動物が大好きでした。だから、将来は獣医師になりたいと思っていました。

　中高一貫校に通っていたので、高校受験をせずにそのまま進学することもできましたが、中学3年生のとき、兄と母の影響で英語科のある高校を目指すことにしたんです。その高校の学園祭へ行った兄と母から、いろいろな国の出身の先生や学生がいることやおもしろい話を聞いて、わくわくしたのがきっかけでした。母も「あなたに合っているかもね」と背中を押してくれました。

　それからとくに英語を一生懸命勉強し、合格することができました。あのまま中高一貫の高校へ進学していたら、ネイティブ※の先生が英語で行ういろいろな授業の醍醐味は、味わえなかったはずです。思いきって決断し、努力して本当によかったです。

番場さんの夢ルート

小学校・中学校 ▶ 獣医師

生まれる前から家族が犬を飼っており、動物に親しんで育った。動物全般が好きで、獣医師にあこがれた。

▼

高校 ▶ 獣医師、イルカのトレーナー

沖縄の海へ行ったときにイルカとふれ合った経験や、水族館を楽しんだ経験から、イルカのトレーナーもよいと思った。

▼

大学 ▶ なし

海外の大学への進学を果たし、願いを叶えたことで、卒業後の自分の希望がわからなくなり、さまよった。大学卒業後はとりあえず、英語を活かせそうな仕事を探した。

「高校生のときに、家族でハワイへ行ったときの写真です。左が私です。進学を考えていた大学も見に行きました」

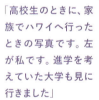

「中学校のときの文化祭で撮った写真。「友だちと着ぐるみを着ました」

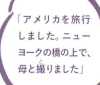

「アメリカを旅行しました。ニューヨークの橋の上で、母と撮りました」

Q 子どものころにやっておけばよかったことはありますか？

　やりたいと思ったことは何でもやらせてもらえる環境だったので、後悔していることはありません。私は子どものころからテニスと水泳、ピアノを習っていましたが、ピアノは通っているうちにだんだんと楽しくなくなり、「自分には合っていないな」と感じたので7年目でやめました。自分が好きなもの、自分に適したもの、反対に、合わないものも、まずはやってみないとわかりません。わかるまで挑戦することができてよかったです。

用語 ※ ネイティブ ⇒ ネイティブスピーカーの略。ある言語を使う国で生まれ、その言語を毎日使って育った人のこと。

Q 中学のときの職場体験は、どこへ行きましたか?

ほかの学校のような職場体験などは実施されませんでしたが、家族に仕事についてインタビューをして、それを発表するという授業がありました。

また別の機会に、外部から講師が来て、消防士や教師、動物に関わるトレーナーなど、子どもに人気の職業について説明してもらったことを覚えています。

Q 家族へのインタビューではどんな印象をもちましたか?

母は医療系の仕事をしています。母の仕事については、漠然としたイメージしかもっていなかったので、くわしく聞けるよい機会でした。

医療分野は、内科や外科、皮膚科、産婦人科など、細かく専門が分かれています。しかし、医療系の仕事を目指す場合、自分が興味をもっている診療科のほかにもはば広く学ぶことが多いと母から聞き、おどろきました。医療系に進むには覚悟が必要だなと改めて思いました。

父の仕事の話も聞いたのですが、難しくて理解できませんでした。今は当時よりも世の中の仕事に関する学習が身近になっているので、今の中学生が少しうらやましいです。

Q この仕事を目指すなら、今、何をすればいいですか?

英語を習得することです。英単語や文法だけでなく、実際のコミュニケーションを学びましょう。おすすめは、その言語を母国語とするネイティブと話すことです。日本人は、海外に行っても日本人どうしで集まってしまうことが多いので、もったいないなと感じます。

最初は会話にならなかったり、恥ずかしい思いをしたりするかもしれません。それでも、知っている単語をどんどん使って、わからない単語は質問して、自分も実際に使ってみる。これらをくりかえした先に、世界中の人とコミュニケーションをとれる楽しい未来が待っているはずです。

海外からのお客さまに、日本のよさをたくさん知ってもらえるような仕事をしたいです

ー 今できること ー

ふだんの暮らし

海外からの留学生との交流会や海外の文化体験のイベントに参加してみましょう。機会があれば、海外へのホームステイなどにも挑戦してみてください。

海外の文化に興味・関心をもち、まずは英語でコミュニケーションをとる力を身につけることが大切です。

また、日本のほかの地域や外国で暮らす人へ向けて、自分が暮らす地域のよいところを伝える力も必要です。地域の歴史や観光スポットの情報をチェックする習慣をつけておくとよいでしょう。

 国語
従業員やお客さんに作業や館内のルールを理解してもらうことが必要です。発表の授業では、立場や考えのちがいをふまえて論理的に話すことを心がけましょう。

 社会
国内のニュースや世界情勢を知ることは、経営の仕事をする上で大切です。公民の授業で「市場の働きと経済」や「国際社会の課題」をよく勉強しましょう。地理の分野では地名とともに地域の特色を理解しましょう。

 英語
日本に興味をもっている外国人に英語で日本のよいところを伝えるには、語彙力が必要です。多くの英単語を覚えましょう。また英語での質問に適切に答える練習や、自分の考えや事実を英語で伝える練習をしましょう。

File No.278

旅行プランナー
Travel Planner

みちトラベルジャパン
石川由海さん
入社7年目 28歳

海外からの
個人旅行のお客さまに
旅行プランを
提案します

日本各地を、たくさんの外国人観光客が訪れています。自分好みの旅行を効率よく楽しみたいと望む人向けに、個人旅行のプランを提案し、手配する仕事があります。みちトラベルジャパンの石川由海さんにお話を聞きました。

Q 旅行プランナーとはどんな仕事ですか？

日本での観光を希望している海外のお客さまから依頼を受け、旅行プランを提案してホテルの予約などを行う仕事です。旅行プランとは、日本滞在中のスケジュールのことです。WEBサイトを見て連絡をしてきたそれぞれのお客さまに向けて、オーダーメイドでプランをつくっています。

まず、旅行の目的や滞在期間、予算、希望する宿泊施設の種類やランクについての質問をまとめたリストをお客さまに送ります。質問に対する返事をもとに、具体的な旅行プランを考えます。例えば「9日間の滞在で日本庭園をたくさんめぐりたい」というご要望の場合、京都、奈良、和歌山、岡山、島根の名園をリストアップし、無理なくまわれるコースとスケジュールを組み立てます。「すべておまかせします」と言われたら、メールのやりとりのなかから興味がありそうなことをくみ取って考えます。子どもといっしょの家族旅行の場合は、親子で楽しめる和太鼓体験などを提案します。

最終的なプランができあがるころには、やりとりのメールの数が100近くになっていることもあります。見積書にOKをもらい、正式に申し込みをしてもらったら、宿泊先や交通機関、レストランなどの予約をします。

実際に旅行が始まってからも、お客さまに困ったことが起きたらすぐに対応できるようにしています。私がお客さまの旅行に同行することはありませんが、最後まで安心して日本を楽しめるように、かげながらサポートするのも、旅行プランナーである私の大切な仕事です。

石川さんのある1日

- 09:00 出社。メールチェック、朝会
- 09:20 お客さまからのメールに返信、後輩の相談対応とメール返信文の確認
- 12:30 ランチ
- 13:30 旅行プランの作成、調べ物、ホテルへ宿泊料金の見積もり依頼
- 16:00 来社したホテル営業担当者と打ち合わせ
- 17:00 残りのメールへの返信、和太鼓体験と茶道体験の予約
- 19:00 退社

石川さんが担当した旅行プランのしおり。英語で執筆し、プリンターで印刷して冊子ふうにする。みちトラベルジャパンの場合は、アメリカからの観光客が6〜7割を占める。

みちトラベルジャパンの仕事の流れ

❶ 質問リストに答えてもらう
海外のお客さまから旅行プラン作成の依頼があったら、日本で興味のあることや旅行の目的・予算などに関する質問リストを送る。メールでやりとりを重ねて、お客さまが旅行に求めていることは何かを探る。

❷ 旅行プランをつくる
お客さまの要望や興味に沿っていると思われる観光先やホテルを選び、プランをつくる。できたプランに対して「3日目のプランは全部変更」「この観光に体験を組み合わせたい」などの要望を受け、さらに練り上げる。

❸ 見積書をつくる
ホテルに宿泊料金を問い合わせて見積書をつくる。ほかに通訳案内士、バス会社、レストランなどの料金も確認して盛りこむ。お客さまから見積書にOKをもらったら、それぞれの予約をする。

❹ 旅行プランを冊子にする
制作したプランを印刷し、お客さまが持ち歩けるように冊子にする。また例えば、新幹線の乗り方に不安があるお客さまに、指定席まで案内する専用スタッフを手配するなど、細かいサービスを追加する。

❺ 日本旅行を楽しんでもらう
来日したお客さまとホテルなどで会ってあいさつする。旅行中もいつでも連絡をもらえるようにして、お客さまが困ったときに助ける。

仕事の魅力

Q どんなところがやりがいなのですか?

私のもとには、担当したお客さまからの旅行の感想や感謝のメールがたくさん届きます。それらひとつひとつの言葉が、何よりのやりがいになっています。私の考える旅行プランでまた旅をしたいとふたたび来日してくれる人がいたり、「日本へ旅行するなら由海がいるよ」と友だちに紹介してもらえたりすると、うれしくなります。

また、お客さまの要望や興味を通して、自分自身の視野が広がっていくことにもやりがいを感じます。初めて知る趣味の世界や、日本の意外な一面などを知ることができるのは、この仕事ならではの楽しみだと思います。

Q 仕事をする上で、大事にしていることは何ですか?

お客さまの期待をこえる旅行プランをつくることです。

例えば和食に関心があるお客さまに対して、おいしい和食レストランをおすすめするのが100点の回答だとしたら、それを上まわる120点の提案をすることを大事にしています。「和食」のテーマなら、豆腐づくり体験や醤油づくりの蔵の見学を加えるなど、提案できることは無限にあります。そのお客さまにとってとくべつな旅になるよう、興味に寄りそって考えることが、高い満足度につながると考えています。

Q なぜこの仕事を目指したのですか?

高校1年生のとき、1年間オーストラリアに留学したことがきっかけです。ホストファミリーへ説明するために改めて日本について調べたときに、数えきれないくらいの魅力があることに気がつきました。南北に長い地形の日本は、冬にスキーも楽しめて、同時期に沖縄の海でシュノーケリングも楽しめる、世界でもめずらしい国です。その上長い歴史があり、食文化ひとつをとっても、長年培われた奥深さがあります。しだいに私は、将来は日本のよさを海外の人に伝える仕事をしたいと思うようになりました。

大学では英語学科で言語学を学びました。その上でおもしろそうな仕事を探しましたが、自分の求める職業を見つけられず悩んでいました。そんなときゼミの講義で知ったのが、みちトラベルジャパンです。会社の取り組みを知って、理想的な会社だと思いました。私は「この会社で働きたい」と、自分から連絡をとって入社を決めました。

提案する内容について判断に迷い、上司に相談する石川さん。「的確なアドバイスをもらえるのでありがたいです」

お客さまの予算と好みを聞いて、ぴったりのホテルを探す。「見積もり依頼のため、ホテルへ電話をかけているところです」

後輩から相談を受け、アドバイスをする。「そのお客さまの日本への渡航回数によっても、アドバイスは変わります」

Q 今までにどんな仕事をしましたか？

印象に残っているのは、ヨーロッパに住むご夫婦を担当したときのことです。奥さまが陶芸好きで日本の陶芸を見てまわりたいということだったので、陶芸について調べ、北陸から九州の陶芸工房を見学してめぐる旅行プランを提案しました。「有名観光地とはちがう日本の魅力を知ることができた」と喜んでもらえたのが忘れられません。そのご夫婦は、昨年の秋にもふたたび来日してくれました。

コロナ禍をきっかけに、自治体向けの観光コンサルティングの仕事も始めました。海外からの観光客が何を求めているかを調査し、集客の方法について助言する仕事です。有名観光地ではない自治体からの求めもあるので、地域の活性化にもつながる仕事だと思い、今も力を入れています。

Q 仕事をする上で、難しいと感じる部分はどこですか？

提案した内容がお客さまの興味を引かないときに、難しさを感じます。また、何度も来日されたお客さまで、自分はこの人の興味のある分野はわかっていると思っていたのに、じつはちがった、ということもよくあります。例えば和食に興味がある人に和菓子の工房見学を提案したら、それにはまったく興味がない、と返事が来たなどの場合です。そのようなときはメールのやりとりをじっくり見返して整理します。

作業上の難しい点は、複数のお客さまとのやりとりを同時に行わなければならないところです。私は年間に約20件の旅行プランを担当しています。混乱しないようにいつもメモをとり、作業リストをつくって毎日チェックしています。

Q この仕事をするには、どんな力が必要ですか？

複数の作業を同時に行う力に加え、すべての作業をミスなく行う正確性が必要です。ちょっとした勘ちがいや予約ミスが、旅行そのものを台無しにしてしまうからです。

また、最新の情報を見つけるのが得意な人や、知識を増やすことを楽しいと感じられる人は、この仕事に向いていると思います。例えば私は、新しくオープンしたお店やホテルの情報を目にしたら、できる限りその場所に行き、自分の目で確かめるようにしています。これを努力ととる人もいますが、私にとっては楽しい習慣のひとつです。

会社には、日本各地の旅行情報雑誌や本が置いてある。「自治体とのお仕事も増えているので、雑誌を見て基礎知識を得ています」

・マイクつきヘッドホン・
・メモをするためのノート・
・ノートパソコン・

PICKUP ITEM

海外のお客さまとは、メールだけでなくビデオ通話でも打ち合わせする。マイクつきヘッドホンで雑音が入らないようにしている。お客さまの何気ないひと言がプランを考えるときのヒントになることもあるので、打ち合わせをしながら、旅行プランへの希望とともに、気になった言葉をノートにメモする。それぞれのお客さまの旅行プランの作成の進行をエクセル（表計算ソフト）で管理するために、ノートパソコンが欠かせない。

毎日の生活と将来

Q 休みの日には何をしていますか？

数年前から、夏になると友だちとかき氷屋さんめぐりをすることにハマっています。お店によって味はもちろん、見た目も食感もまったくちがうので、「今回はどんなかき氷だろう」と、毎回わくわくします。気に入ったお店は、食の好みが合いそうなお客さまに紹介することもあります。

そのほか、年に数回は旅行も楽しんでいます。昨年は、沖縄県の宮古島をはじめ山口県、奈良県、京都府、中国の上海やヨーロッパなど、いろいろなところへ行きました。

「スイスで働いている友人のところへ遊びに行き、アルプスでハイキングをしました」

「奈良県へ旅行に行きました。昔ながらの街なみが保存されていて、外国人観光客にも大人気の場所でした」

Q ふだんの生活で気をつけていることはありますか？

気になった場所やお店などは、「行ってみたい場所」として地図アプリ上にチェックマークを入れ、その場で調べるようにしています。お客さまの多くは日本について下調べをしてから来ることが多いので、やりとりのなかで話題にのぼったとき、すぐに反応できるようにするためです。ちなみに、チェックマークの数はすでに1000か所をこえました。

また、外出の際はできるだけ徒歩を選ぶようにしています。歩いて街を見ると、想定外の発見につながりやすいからです。昔ながらの街なみや斬新な建物など、日本にはお客さまに見てほしいものがまだまだたくさんあるなと感じますね。

石川さんのある1週間

時刻	月	火	水	木	金	土	日
05:00	睡眠	睡眠	睡眠	睡眠	睡眠		
07:00	食事や準備	食事や準備	食事や準備	食事や準備	食事や準備		
09:00	ホテルでお客さまにごあいさつ	出社・朝会	お客さまをホテルへご案内	出社・朝会	出社・朝会		
11:00	出社・メールチェック	メールチェック		社内会議	お客さまと通話		
	後輩の相談に対応	体験事業者の調査	出社・提案書の確認	メールチェック	メールチェック		
13:00	昼休み	昼休み	昼休み	ホテルへ見積もり依頼	昼休み		
15:00	お客さま来日前確認	提案書作成	社外会議	昼休み	提案書作成		
	提案書作成		お客さまの緊急対応	調べ物		休み	休み
17:00	社外会議			後輩の提案書確認・相談対応	レストランの予約		
	メール返信	メール返信	メール返信		メール返信		
19:00	体験先手配			メール返信			
21:00	帰宅・夕食	帰宅・夕食	帰宅・夕食	帰宅・夕食	友人と夕食		
23:00					帰宅		
01:00							
03:00	睡眠	睡眠	睡眠	睡眠	睡眠		
05:00							

出社前に、来日しているお客さまに会いに行くこともある。お客さまと直接会ったり、通話したりもするが、メールのチェックと返信、提案書の作成などに費やす時間が多い。

Q 将来のために、今努力していることはありますか？

この仕事では、英語での会話力の大切さを感じることが多いです。来日したお客さまにホテルなどでお会いするときに、メールや電話ではなく、直接会って話すからこそ伝えられることがあると実感します。ビジネス用の英語の勉強だけでは足りません。ですから、留学時代のホストファミリーや、社会人になってからできた外国人の友だちとビデオチャットで話すなどして、意識的に英語でおしゃべりをする時間をつくるようにしています。

また、いろいろな場所に出かけて、知らなかった日本の魅力を知り、それらへの興味を深めることにつとめています。自分の興味がこんなところへも向くんだ、という発見を大切にすることが、仕事へも役立つと思っています。

「みちトラベルジャパンでは、ほとんどの社員が出社して仕事をしています。やはり、相談などをしやすいですね」

ビデオ通話でお客さまと打ち合わせをする。「英語で仕事をするのにはだいぶ慣れましたが、お客さまと最初に話すときは緊張しますね」

Q これからどんな仕事をし、どのように暮らしたいですか？

今後も旅行プランナーの仕事は続けたいです。その上で、旅行というかたち以外でも日本の魅力を発信していけたらいいなと考えています。親が東京・月島でもんじゃ焼きの店を営んでいることもあり、飲食にも興味があります。仕事を通じて出合った地域の名産品を紹介し、購入もしてもらえるような仕組みをつくることにも興味があります。

自分がよいと思ったものを海外のお客さまに紹介することで、日本のいろいろな地域の活性化にも貢献できたらうれしいです。

旅行プランナーになるには……

多くの旅行会社でパッケージツアーをあつかっていますが、なかには個人旅行を専門にあつかう会社もあります。どちらにしても語学力が欠かせないので、外国語学部に進学し、英語力を身につけるとよいでしょう。また、観光学部がある大学・専門学校で、旅行プランの立て方や宿泊施設の手配の仕方などを学ぶのも一案です。

高校 → 大学／専門学校 → 旅行会社、旅行代理店などに就職

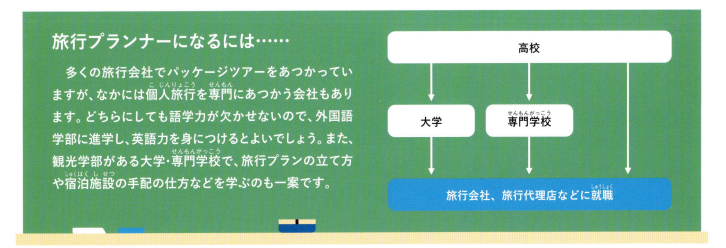

子どものころ

Q 小学生・中学生のとき、どんな子どもでしたか？

　小学生のころは内気で、自分から進んで何かをやることは、ほとんどありませんでした。ただ、小学6年生のときに学年全員で取り組んだ吹奏楽の練習には、熱心にはげんだのを覚えています。私はユーフォニウムという金管楽器を担当し、運動会での披露を目標にみんなで練習しました。本番でたくさんの拍手をもらって、うれしかったです。

　中学受験のために通った塾には、自分から外の世界に進もうとするチャレンジ精神の旺盛な子がたくさんいました。その影響で、私立の中学校に入学するころには、私も積極的な性格に変わっていたように思います。実際、部活選びでは新しいことがしたくて、一度も経験のないソフトボール部を選びました。また合唱コンクールでパートリーダーを引き受けたり、体育祭で応援旗をつくったりするなど、行事にも積極的に参加しました。

　英語の楽しさに気づいたのも中学生になってからです。日本語以外の言葉で人と会話することに、不思議な新鮮さを感じ、もっと話したいと思うようになったんです。高校生になってオーストラリア留学を決意できたのは、英語を楽しく教えてくれたネイティブの先生たちのおかげだったと思います。

石川さんの夢ルート

小学校 ▶ ケーキ屋さん
なぜか、ケーキ屋さんになりたかった。

中学校 ▶ とくになし
将来の仕事については真剣に考えていなかった。

高校 ▶ 英語を使う仕事
オーストラリアへの留学を経験し、漠然と英語を使って働く仕事にあこがれた。

大学 ▶ 日本のよさを伝える仕事
日本と外国のちがいを知るために、外国の政治、経済、文化、言語などをはば広く学ぼうと考えた。

ソフトーボール部で活躍していたころの石川さん。

石川さんが中学生のころに夢中で読んだ、英語で書かれた『不思議の国のアリス』。原文で読む楽しさを知った。

中学生のころにいつも聴いていた洋楽のCD。「知らないうちに英語のヒアリング力も養えたかもしれません」

Q 子どものころにやっておいてよかったことはありますか？

　何にでも挑戦したことがよかったと思います。例えば英語の成績は、中学入学当初はたいしてよくありませんでした。けれども、必死に勉強したことで得意科目になりました。その上、ひとつのことをやりぬく力も身につけることができ、すばらしい経験になりました。

　また、人間関係において、友だちだけでなく先輩や先生などと広く交流してきたことがよかったと思います。おかげで、だれとでも気後れせずに話せるようになりました。

Q 中学のときの職場体験は、どこへ行きましたか？

私が通った学校はキリスト教系の学校だったので、毎朝20分間の礼拝がありました。そのなかで週に1、2回は、卒業生をはじめさまざまな職業の方が講演に来て、社会に出てからのことや仕事について、話をしてくれる日がありました。

職場体験については、じつはあまり記憶がないんです。ただ、授業があったのは確かで、先生から体験先の候補が書かれた表をもらったことは、なんとなく覚えています。

Q 卒業生の講演ではどんな印象をもちましたか？

海外の人といっしょに仕事をしている人の話からは、いつも刺激を受けていました。メーカー勤務の人や国連で働いている人など、仕事内容もわからないのに外国人と働いているというだけであこがれをもった記憶があります。

とはいえ、中学生の私にとって社会人になるのは遠い未来のように感じていました。そのため自分のキャリア設計に活かそうという考えにはなりませんでした。しかし大人になった私が旅行プランナーという仕事を選び、英語を使って働いていることには、少なからずそのときの話が影響しているかもしれないですね。

Q この仕事を目指すなら、今、何をすればいいですか？

何よりも英語の勉強だと思います。とくに中学校で習う英語は、もっとも大切な基本の文法や、生活に役立つ英会話が中心だと思うので、必ず身につけておいたほうがよいです。仕事になると、ビジネス英語といって特有の表現や言いまわしが求められます。しかし、基礎がしっかりできていれば、覚えるのは大変ではありません。

また、旅行プランナーという仕事に限らず、英語の勉強は将来の可能性を広げてくれます。世界各国の人々と言葉の壁なく話せるのはすばらしいことだと、日々実感しています。とにかく中学校での3年間はがんばってみてください。

日本を訪れる観光客のみなさんに、日本をもっと好きになってもらいたいです

－ 今できること －

ふだんの暮らし

外国の人に日本のよいところを伝えるには、まずは自分が日本の魅力を知ることが欠かせません。海外にルーツのある友だちや知り合いがいたら、おたがいの国のよいところを伝え合ってみましょう。日本と外国のちがいを知ることがこの仕事への第一歩です。

また学校にESS（English Speaking Society）部があったら参加しましょう。英語を使った活動やスピーチコンテストに挑戦することで、外国の文化にもふれることができます。

国語 話し合いの授業では、話す材料を集めたり資料を活用したりしながら、相手に納得してもらえる話し方について考えてみましょう。相手の話をよく聞くことも大切です。

社会 日本と世界の地理、歴史、公民の分野全般で、地域の風土や産業、文化についての知識を身につけましょう。

技術 「情報に関する技術」の授業で、インターネットの活用方法や情報モラルなどについて学び、安全で正確な情報を集める手段や、責任ある情報発信の仕方を学びましょう。

英語 英語を理解する力は、この仕事でもっとも必要です。中学で学ぶ基礎をしっかり身につけておけば、高校などで学ぶ内容をより理解しやすくなります。

File No.279

ヴィーガンレストランの
プロデューサー

Vegan Restaurant Producer

TOKYO-T's
下川万貴子さん
入社14年目 36歳

ヴィーガンの
お客さまに喜んで
いただける料理を
用意しています

さまざまな事情により、食べ物に関して制限のある人がいます。ヴィーガン※の人たちにとっても、外出先で食べられるものが提供される場所が少ないことは切実な問題です。ヴィーガンレストランをプロデュースしている下川万貴子さんにお話を聞きました。

用語 ※ヴィーガン⇒動物性の食材や製品を摂取したり使用したりしない、完全な菜食主義の人、またはそのライフスタイルのこと。卵や乳製品、蜂蜜も摂取しない。イギリス、アメリカ、オーストラリアのほか、インドや中東地域に多い。

Q ヴィーガンレストランのプロデューサーとはどんな仕事ですか？

　私は母とともにTOKYO-T'sという会社を経営し、その会社で「T'sレストラン」のプロデュースをしています。「T'sレストラン」は、ヴィーガンの人たちにおいしい食事を楽しんでもらうレストランです。私は店のプロデューサーとして、シェフといっしょに季節に合わせたメニューを考えたり、居心地のよいインテリアを考えたりしています。

　海外からの観光客のなかに、食事への不安をかかえながらやって来る人たちがいます。動物性の食材は口にせず、植物性の食材を使った料理だけを食べて暮らす人たちで、ヴィーガンとよばれています。

　日本では、豊富な食材を使ったさまざまな料理が楽しまれていますが、ヴィーガンの人たちに配慮した料理や店の数は、まだ十分ではありません。そのため、私は宣伝にも力を入れています。SNSなどで発信する「T'sレストラン」の魅力や料理の情報は、とくに海外のヴィーガンの人にとって、「日本へは行ってみたいけれど、食べられるものがないかもしれない」という不安を減らす材料になっています。

　企業と共同で行う商品の開発も私の仕事です。例えば、大手の食品メーカーと動物性食材を使わないカップ麺を開発し、大手コンビニエンスストアなどで販売しています。また、フードダイバーシティ※に取り組む学校へのアドバイスや講演も行っています。取り組みにより、さまざまな食習慣や食文化への理解を若い人にも広げたいと考えています。

下川さんのある1日

- 08:30　入店。メールと店舗の売上をチェック
- 09:00　営業チームと打ち合わせ
- 11:00　事務作業、朝礼
- 11:30　商談用資料の作成・確認
- 13:00　ランチ
- 14:00　来店中のお客さまと話をする
- 15:00　シェフと商品開発の打ち合わせ
- 16:30　店内のPOPデザインを考える
- 18:00　退店

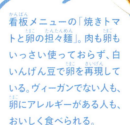

看板メニューの「焼きトマトと卵の担々麺」。肉も卵もいっさい使っておらず、白いんげん豆で卵を再現している。ヴィーガンでない人も、卵にアレルギーがある人も、おいしく食べられる。

ヴィーガンのいろいろな背景

● 健康上の理由

動物性の食材を食べないことが健康の維持に効果的だとする考えがある。肉や魚の代わりに豆類、果物、野菜で栄養をとることで、血糖値を下げ、腎臓の機能を高める作用があるとされる。その結果、糖尿病や心臓病、がんになりにくくなると考える人が多い。

● 環境保護の観点から

畜産は地球温暖化の原因のひとつとされている。例えば、牛のゲップにふくまれるメタンには、二酸化炭素の25倍もの温室効果があるとされる研究結果がある。多くのヴィーガンの人が、牛を食べないようにして飼育頭数を減らせば、環境への負担を減らせると考える。

● 動物愛護の観点から

「人間は動物から搾取することなく生きるべき」という考えがある。「いのち」に優しい食生活のためにヴィーガンを実践する人も多い。厳格なヴィーガンの人の場合は、食事だけでなく、羽や皮などの動物由来の材料でつくられた製品や、動物でテストされた製品もさける。

用語　※フードダイバーシティ ⇒「食の多様性」のこと。食事に関するちがいを受け入れ、尊重しようとする考え。

仕事の魅力

Q どんなところがやりがいなのですか？

私たちの手がけるレストランがヴィーガンの人たちの役に立っていると実感したときに、大きなやりがいを感じます。とくに、海外のお客さまから「この場所をつくってくれてありがとう」「最高においしかった」などの言葉をもらえると、とてもうれしいです。直接話すことができなかったお客さまの声も、SNSや地図アプリなどに外国語で投稿される書きこみで知ることができます。これらを読むと、日本で食べ物を入手する場所や食事ができる場所が少ないことに困っている人がとても多いことに気づかされます。

「T'sレストランでは、動物由来の食材を使用しません。ですので、食べられるものが限定されやすいムスリム※などの人も、安心して食事ができます」

Q 仕事をする上で、大事にしていることは何ですか？

15年前の創業のときに比べて、ヴィーガンが広く知られるようになりました。TOKYO-T'sでは、大手企業との商品開発や他社のメニューの監修など、仕事のはばが広がっているので、効率よく働くことを大事にしています。そのために、朝の時間を大切にしています。起床後の時間にもっとも頭が働くタイプなので、新しい企画の準備などは、朝行います。

また、どのプロジェクトでもチームで進める仕事がほとんどなので、営業担当のメンバーをはじめ、それぞれの特技を活かしたチームづくりを大事にしています。

Q なぜこの仕事を目指したのですか？

ヴィーガンの考え方に出合ったのは高校生のときです。家族ぐるみで仲良しだった友人のお母さんが、病気のために食事制限が必要となりました。それをきっかけに、母が見よう見まねでヴィーガン対応料理をつくり始めたんです。

単に動物性の食材を使わないだけのメニューでは、育ち盛りの私と姉には物足りなかったので、母は毎晩工夫を凝らしました。「これはじつはお肉じゃないのよ、さて何でしょう？」とクイズで盛り上がり、楽しい食卓になったことを覚えています。また、このとき私は、「何でも食べられることが当たり前ではない」ことに気づきました。

母がT'sレストランを立ち上げたのは、私が大学1年のときでした。ヴィーガンに対応した料理は、アレルギー食材を除いてつくることも容易です。母の仕事を見ていて、食事に制限のある人とない人が同じ食卓を囲んで同じ料理を食べることができるのは、すばらしいことだと思いました。そこで、卒業したら母の仕事に合流しようと決意しました。

レストランのシェフと、店の看板メニュー、坦々麺の季節限定商品の具材を検討する下川さん。

「母とパフェのリニューアルを検討しているところです。食材とそれぞれの量、見せ方をふくめて開発中です」

用語 ※ ムスリム ⇒ イスラム教徒のこと。豚肉を食べない、アルコールを摂取しないなどの戒律がある。

Q 今までにどんな仕事をしましたか？

　2011年から、鉄道関連の会社と連携してヴィーガンラーメン店「T'sたんたん」の運営に取り組んでいます。日本のラーメンが大好きな外国人に、とくに喜ばれています。

　2018年にその会社との仕事の関係で、シンガポールでのイベントに出店してみないかとさそってもらったので、出店してヴィーガンラーメンの販売を試みました。するとおどろくほど好評で、SNSで情報が拡散され、毎日長蛇の列だったんです。現地のお客さまのなかには「日本へ行ったとき、T'sのお店で食べたよ」と言って、スマートフォンの写真を見せてくれた人もいました。海外でもヴィーガンの人たちの間で話題にされているのを見て、自分の仕事が必要な人に届いていることを知り、感激しました。

Q この仕事をするには、どんな力が必要ですか？

　ホスピタリティー能力が必要だと思います。私が思うホスピタリティー能力とは、目の前の人に楽しんでもらいたいという気持ちで接することができる力、そして喜んでもらえたときに自分もうれしいと感じる力です。

　私は、海外からの観光客全員に、日本を大好きになって帰ってほしいと思いながらこの仕事をしています。お客さまがはるばる日本に来てテーブルで食事を楽しんでいるとき、こちらから「お味はいかがですか？」など、ほんの少し声をかけるだけで、日本での時間をもっと印象のよいものにできるかもしれません。それが、この仕事の醍醐味です。

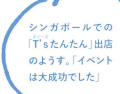

シンガポールでの「T'sたんたん」出店のようす。「イベントは大成功でした」

・スマートフォン・
・ノートパソコン・
・カメラ・
・エプロン・

Q 仕事をする上で、難しいと感じる部分はどこですか？

　海外からの観光客へ向けて、情報の伝え方が難しいです。ヴィーガンの人の場合は、T'sレストランで食事をすることをあらかじめ旅行プランに組みこんで日本に来る人も多いのですが、その人がT'sレストランを訪れたいときに、貸し切りの予約が入ってしまっていることもあります。お断りするしかなく、残念で申しわけない気持ちになります。

　また、ヴィーガンレストランの必要性を理解してもらうことにも難しさを感じるときがあります。企業とヴィーガン食品の共同開発をする際に、「本当に売れるの？」「本当に求めている人がいるの？」と、今でも言われてしまうことがあります。私がすべき仕事はまだまだあるなと感じます。

PICKUP ITEM

T'sレストランを目指してやってくるお客さまとSNSでコミュニケーションをとるのに、スマートフォンが欠かせない。2台のノートパソコンは、経営に関する資料を作成するときと写真加工やグラフィックデザイン※を行うときで使い分ける。レストランの新メニューができたら、カメラで撮影してWEBサイトにのせる。レストランにいるときは、緑のエプロンを愛用している。

用語 ※グラフィックデザイン⇒写真や絵を組み合わせて表現すること。本やポスターなど、平面に印刷されるものをさす。

毎日の生活と将来

Q 休みの日には何をしていますか？

朝は6時に起き、7時ごろには近所のカフェでコーヒーを飲みながらゆっくり過ごすことが多いです。自然を感じられるテラス席に座って、読書などをしてリラックスします。そうすることで、1日を幸せな気分で過ごすことができます。

また、店主のこだわりが感じられる飲食店に行き、カウンター席で店の人と話をしながら、食事をしたりお酒を飲んだりするのも好きです。こだわりをもって仕事をしている人を見ると、がんばろうというパワーがわいてくるからです。海外旅行でも、飲食店で過ごす時間が楽しみのひとつです。

オランダのアムステルダムにて。「早朝からやっているコーヒー屋さんの外席でコーヒーを飲みながら、1日の過ごし方を考えているときの写真です」

「ベルギー旅行のとき、パスタ屋さんですてきな時間を過ごしました。旅行先での体験は、自分のお店でのホスピタリティーに活きていると思います」

Q ふだんの生活で気をつけていることはありますか？

仕事が終わらなくても夜はきちんと寝て、残った仕事は翌朝に行うこと、そして食事は野菜を中心に栄養バランスを考えてとることに注意しています。

ヴィーガンレストランのプロデューサーと聞くと、ヴィーガンに徹していると思われるかもしれませんが、実際にはその場の雰囲気に合わせて食事を選んでいます。幸いなことに、私は食物アレルギーもなく何でも食べることができます。そのため、人といっしょに食べるときは、交流を第一に考えた食事を大切にしようと思っています。ひとりで食事をするときは、なるべくヴィーガン対応料理を選びます。

下川さんのある1週間

	月	火	水	木	金	土	日
05:00	睡眠	睡眠	睡眠	睡眠	睡眠		
07:00	カフェで朝食・作業	朝食・準備	カフェで朝食・作業	カフェで朝食・作業	朝食・準備		休み
09:00	入店・メールと売上チェック 営業チーム打ち合わせ 食品メーカーと打ち合わせ	入店・メールと売上チェック レシピブックの撮影	入店・メールと売上チェック SNS更新	入店・メールと売上チェック SNS用料理撮影	入店・メールと売上チェック 営業チーム打ち合わせ 朝礼		入店・朝礼
11:00	朝礼 講義用の資料作成	朝礼・店舗まわり（試食をかねてランチ）	朝礼 プレゼン資料作成	朝礼 イベント用資料作成	事務作業 食品メーカーと打ち合わせ		接客
13:00	ランチ シェフと商品開発（試食・メニュー撮影）	店にもどって 社外講演資料作成	ランチ 商品開発（メニューを考える）	ランチ	ランチ 接客		退店
15:00	店内の小物のデザイン業務	イベントの打ち合わせ	食品メーカーと打ち合わせ	ランチ 店内定例打ち合わせ	移動 ヴィーガン食についての講演会に登壇	休み	
17:00	事務作業と接客	事務作業と接客 退店	店内の小物のデザイン業務、退店	事務作業、退店	会食		
19:00	退店	会食					
21:00	食事・就寝準備など	食事・就寝準備など	食事・就寝準備など	食事・就寝準備など	就寝準備など		休み
23:00							
01:00							
03:00	睡眠	睡眠	睡眠	睡眠	睡眠		
05:00							

ほぼ毎日店舗へ行き、営業スタッフやシェフと顔を合わせて商品開発などの仕事をする。火曜日に行った撮影は、東京都のインバウンド対応用レシピブックのためのもの。

Q 将来のために、今努力していることはありますか？

　目まぐるしく変わる世の中に合わせて柔軟な考え方ができるように、若い人との交流の場をつくるようにしています。大学からヴィーガンについて教えてほしいと連絡がくることもあります。若い人たちの熱意には刺激を受けますね。

　学校給食へのヴィーガン対応料理の導入にも取り組んでいます。2015年に茨城県つくば市の保育園、幼稚園、小学校、中学校の生徒2万2000人に、T'sレストラン特製のキッズカレーを提供したことが最初でした。食物アレルギーなどの有無に関係なく、みんなで同じ料理を食べることで距離が縮まり、人と人がつながる体験をしてもらうことができました。

　今は高校の文化祭や大学の学生食堂にも協力し、ヴィーガンについて若い人たちに知ってもらおうとつとめています。

「T'sレストランの名前は、Tから始まる言葉をたくさん散りばめて命名しました。例えば太陽や土、地球、それに丁寧、手づくり、つながり。より多くの人に愛される場を目指します」

農業大学の学生たちが、ヴィーガン対応料理について学びにやってきた。「勉強熱心な若い人たちの役に立ちたいです」

Q これからどんな仕事をし、どのように暮らしたいですか？

　私の目標は、ヴィーガン対応料理を食事の選択肢のひとつとして定着させることです。例えば「今日はパスタにする？ハンバーガーにする？　それともヴィーガン対応料理にする？」などの会話が当たり前に聞こえる社会になるとよいなと思います。また、世界で大人気の寿司やラーメンと同じように、私たちが開発したヴィーガン対応料理も広く知られて世界各国で味わえるようになることも、願いのひとつです。

　そのためにも、私自身が会社を経営する力をもっと高めたいです。そして、社員やお客さま、関わってくださる食品メーカーの人たちとともに幸せに暮らしていたいです。

ヴィーガンレストランのプロデューサーになるには……

　レストランのプロデューサーは、店舗企画、店舗デザイン、マーケティング、メニュー開発、広報など、さまざまな仕事をします。大学や専門学校へ進学して、フードビジネスについて学ぶのがおすすめです。料理や栄養学を学んで、食全般についての知識を得ることもよいでしょう。

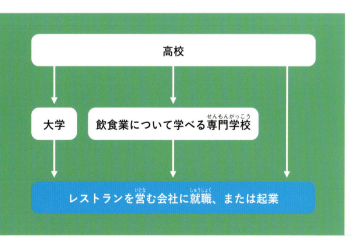

子どものころ

Q 小学生・中学生のとき、どんな子どもでしたか？

　人を喜ばせるようなサプライズを仕かけることが好きで、率先して友だちの誕生日会などの計画を立てるような小学生でした。中学生になってからも、友だちが登校してくる前に学校へ行って、教室の黒板に誕生日の子に向けてお祝いのメッセージを書き、飾りつけをしておどろかせたことがあります。教室に入ったその友だちが、おどろきながら笑顔になるのを見るがうれしかったんです。

　また、好奇心も旺盛でした。当時はめずらしかったパソコンを使ってみたり、楽しそうなライブがあれば行ってみたりと、自由に楽しんでいたと思います。ただ、親にも言わずに体験イベントに参加するなどしてしまい、さすがに怒られることもありましたね。

　部活はミュージカル研究会に入りました。イベントが好きだったので、舞台も楽しそうに見えたからです。ところがしだいに、自分がやりたいのは出演者として表に立つことではなく、舞台全体のことを考える演出なんだと気づきました。そのためミュージカル研究会をやめて、今度は文化祭実行委員に立候補しました。文化祭を盛り上げようとみんなでつくり上げていく作業はとても楽しくて、やっと自分に合った場所を見つけられたと感じたのを覚えています。

　大学時代にもイベントづくりに関わり、ほかにも10年連続で阿波踊りに参加するなど、いつもイベントに関わっています。私はとにかくお祭りが大好きなんだと思います。

下川さんの夢ルート

小学校 ▶ とくになし
将来のことはまだ考えていなかった。

中学校 ▶ 広告関係の仕事
テレビドラマの影響で、広告に興味をもった。

高校 ▶ ファッションデザイナー
服飾の専門学校へ行きたいと親に伝えたところ、「将来夢が変わったら困るから、とりあえず大学へ行きなさい」と説得された。

大学 ▶ プロデュースをする仕事
美術大学でグラフィックデザインや映像について学び、人を喜ばせるものづくりをしたかった。母の仕事を見て、お客さんの笑顔が生まれる場所を守りたいという気持ちが芽生えた。

「矢沢あいのマンガ『ご近所物語』が大好きでした。好きなことを仕事にしたい！と思うようになった私の原点です」

「小学2年生のときに学校の課題で描いた年賀状です。手紙作文コンクールの絵手紙部門で、日本郵政局長賞を受賞しました」

Q 子どものころにやっておけばよかったことはありますか？

　家にパソコンがあったのに、エクセルやパワーポイントなどのソフトの使い方を覚えなかったのはもったいなかったと思います。当時はパソコンのペイント機能で絵を描くことばかりしていました。結局私がエクセルやパワーポイントを使えるようになったのは、仕事で売上の計算や新しいアイデアを企画書にまとめる作業のため、必要にせまられたからです。楽しんで覚えられる子どものころにやっておけば、もっと楽だっただろうなと思います。

Q 中学のときの職場体験は、どこへ行きましたか？

中学2年生のときに、大学に行って大学職員の仕事を見せてもらった記憶があります。ただ、あまり印象に残っておらず、内容もまったく覚えていません。

ほかには、「土曜プログラム」という名前の、全校生徒が受ける授業がありました。社会人の講師から実践的なことを学ぶプログラムで、約170講座のなかから選択して受けられる授業です。こちらも記憶はあいまいですが、フラワーアレンジメントの講座を受けたような覚えがあります。

Q 土曜プログラムではどんな印象をもちましたか？

土曜プログラムで教えてくれる先生はみんな社会人で、その道のプロでした。そんな人たちが全員口をそろえて「今やっているひとつひとつのことが、将来に全部つながっていくんだよ」と話していたことを覚えています。私は話を聞きながら、この先自分はどんな経験をして、どんな職業に就くのだろうと考え、わくわくしていました。

高校、大学、社会人とそれぞれの時代にさまざまなことに積極的に挑戦したのも、もしかしたらこの言葉が頭のどこかに残っていたからかもしれないですね。

Q この仕事を目指すなら、今、何をすればいいですか？

まずは、五感ぜんぶを使って食事の時間を楽しんでみてください。食事は感性を豊かにし、気持ちをおだやかに整えてくれます。心に余裕ができると、人にも優しくすることができ、この人のために何ができるだろうかと考えられるようになるはずです。その気持ちがヴィーガンレストランを運営する上でもっとも大切になります。

母と私がヴィーガンを知り、レストランを始めたきっかけも、病気で食事制限を強いられることになった知人のために何かしたいという思いからでした。中学生という育ち盛りの時期だからこそ、豊かな心も育ててほしいです。

あらゆる人がともに囲める食卓を用意することで、フードダイバーシティの推進に貢献します

－ 今できること －

ふだんの暮らし
学校に料理部などがあったら、活動に参加しましょう。または、家でヴィーガン対応料理をつくってみましょう。その際、料理にふくまれる栄養についても調べるとよいです。

また、各地でヴィーガン対応料理が出品される食のイベントが行われているので、機会があれば行ってみましょう。それぞれの店が工夫を凝らして自慢のヴィーガン対応料理を販売しているので、まずは味わってみることをおすすめします。

社会
地理や公民の授業で、地球規模の環境問題と、資源・エネルギー問題について学習しましょう。ヴィーガンの人が増えている背景の一部を理解しましょう。

理科
植物と動物のちがいをよく学びましょう。また、3大栄養素および生態系と生物の役割についての知識が得られると、ヴィーガンに対する理解の助けになります。

家庭科
「食事の役割」と「栄養素の種類と働き」で、食事と栄養についての基礎知識を身につけましょう。栄養の知識がヴィーガン対応料理の開発に欠かせません。

英語
海外へ向けて英語で発信する力が必要です。英文を書けるように、英文法の基礎を理解しましょう。

File No.280

防災アプリディレクター
Director of Disaster Prevention App

アールシーソリューション
大本 凜さん
入社6年目 27歳

災害情報を瞬時に多言語で配信する防災アプリを提供します

スマートフォンに入れておくことで、災害が発生したときにいち早く知らせたり、警報を発したりするアプリがあります。多言語に対応しているため、海外からの観光客にも便利なアプリです。アプリのディレクターをしている大本凜さんにお話を聞きました。

Q 防災アプリディレクターとはどんな仕事ですか？

私は、IT技術を使って防災のサービスを提供する会社で、防災アプリのディレクターをしています。ディレクターとは、責任をもってアプリの内容を管理する人のことです。

私が担当しているのは、「Safety tips」というアプリのアップデート※です。このアプリをスマートフォンにダウンロードすると、地震や台風などの災害情報を15の言語で無料で受けとることができます。海外からの観光客にも便利なアプリなので、観光庁が監修していますが、発信する情報は気象庁などが発表するデータをもとにしています。

2021年に避難情報のガイドラインが見直され、避難を呼びかける言葉が「避難指示」に統一されるなどの変更が行われました。このような場合、アプリにも変更が必要になります。私は観光庁や内閣府の防災担当と打ち合わせを重ねて変更内容を決め、社内の開発担当に修正を依頼しました。

このアプリは、海外からの観光客をむかえ入れる空港などで紹介されていますが、ダウンロードする人はまだ一部です。もっと多くの人に興味をもってもらうため、アプリ内で医療機関や交通機関の情報も見られるようにしました。また、企業や自治体へ向けたサービスとしても有料で提供しています。企業や自治体の運営するアプリと「Safety tips」を連携させることで、より広く災害情報を届けられます。

日本で暮らす外国人だけでなく、海外からの観光客の数も年々増えています。アプリを充実させることで日本語がわからない人たちを守る体制を整えるのが、私たちの役割です。

大本さんのある1日

- 09:00 出社。朝のミーティング
- 09:30 メールチェック、問い合わせ対応
- 10:00 Safety tips改修案の資料作成
- 11:00 上司との打ち合わせ
- 11:50 ランチ
- 13:00 打ち合わせのため観光庁を訪問
- 15:30 会社へもどり、問い合わせ対応
- 16:30 サービス導入を検討中の企業と打ち合わせ
- 18:00 メールチェックをして退社

観光庁が監修した防災アプリ「Safety tips」のチラシ。だれでもダウンロードできるようにQRコードがついている。2024年8月の時点で、年間のダウンロード数は約30万。

多言語防災アプリSafety tipsのサービス

● **多言語に対応**

日本語、英語、中国語（2種類）、韓国語、スペイン語、ポルトガル語、ベトナム語、タイ語、インドネシア語、タガログ語、ネパール語、クメール語、ビルマ語、モンゴル語に対応している。

● **災害情報のプッシュ通知**

緊急地震速報、津波警報、気象警報などを、対象の地域にいる人のスマートフォンに直接送って注意をうながす。ユーザーは、日本国内の最大5地点を設定することができる。

● **地震情報**

過去の震度3以上の地震情報について、震源地の地図、震源の深さ、マグニチュードなどの詳細情報を確認できる。日本の地理に疎くても、現在地との位置関係などが簡単にわかる。

● **噴火警報、台風情報**

そのときに発表されている噴火警報の情報を確認できる。噴火に関する詳細情報と火山の場所を地図上で見られる。台風情報も随時発信。

● **医療機関情報**

外国人の受け入れが可能な医療機関の名前と場所、連絡先を紹介している（日本政府観光局の発信する情報）。

● **交通機関情報**

リンクされている各交通機関のWEBサイトにより、飛行機や新幹線などの運行状況に関する情報が確認できる。

用語 ※アップデート ⇒ 不具合の修正や、新しい要素、機能の追加などを行い、いちど完成したものを新しくすること。

仕事の魅力

Q どんなところがやりがいなのですか？

アプリが人の役に立っているという思いが、やりがいにつながっています。利用者から高評価をもらったり、防災サービスに関する展示会で「使っています」と声をかけてもらったりするとうれしいですね。

先日、外国人の動画配信者が、日本に住む外国人の防災に役立つものとして「Safety tips」を紹介してくれたようで、一気にダウンロード数が増えました。そのような反響も、やる気につながります。

社内の開発担当のふたりと打ち合わせをする。「プログラミングしてほしい内容とスケジュールを伝えました」

Safety tipsの操作画面。「例えば、地震発生時の各地の震度情報を英語で見られます。身の守り方もイラスト入りで紹介しています」

Q なぜこの仕事を目指したのですか？

大学でたまたま受けた自然地理学の授業がきっかけです。防災に関心があったわけではないのですが、授業で砂防ダム※について習った後に旅行でそれを見かけて、「これまで気にしたことがなかったけれど、人を守るための工夫は身のまわりにあるものなんだ」と感じて興味をもちました。

その後、就職活動の際に社会を支えることに貢献する仕事がしたいと考え、防災の仕事についても調べました。私はそれまで防災といえば、ダムや防波堤のような大きな建設物しか知りませんでした。災害に関する情報を活用したシステムをつくることも防災の仕事のひとつだと知り、興味をもったんです。「防災とITをかけ合わせて、災害情報を伝えるだけでなく人の行動をうながすようなサービスをつくりたい」という会社の方針に共感して、入社を決めました。

Q 仕事をする上で、大事にしていることは何ですか？

私たちが伝えるのは人命に関わる情報なので、まちがいのない正確な情報を届けることをとくに意識しています。

「Safety tips」は、2011年の東日本大震災の際に外国人への災害情報の伝達が国として課題になり、観光庁が私たちの会社に声をかけたことで生まれました。私たちは当時、アプリの多言語化を緊急の課題として、緊急地震速報アプリの英語対応を完了しており、実績があったためです。そのような経緯から観光庁が監修し、自治体のWEBサイトにものっているので、「Safety tips」を公的なアプリだと思っている人も多いです。アプリにまちがいがあると、国や自治体のミスに見えてしまう場合もあるので、気をつけています。

Safety tipsの新機能追加に合わせて、パンフレットをリニューアルする。「アプリの広報も私の仕事です」

用語 ※砂防ダム⇒川を横断するように設置される壁のような設備で、上流から運ばれてきた土砂などが一気に流れることを防ぐ。

Q 今までにどんな仕事をしましたか？

大学卒業後の2020年にエンジニアとして入社しましたが、コロナ禍や社内での人員配置のタイミングの影響により、1年で今の事業推進室という部署に異動しました。

異動後すぐに「Safety tips」の改修にたずさわりました。2021年に自治体が避難情報を出す際に参考にする内閣府の「避難情報に関するガイドライン」が改訂されることに合わせて、急ぎアプリの改修が必要になったためです。私は、観光庁や内閣府の担当者と、社内の開発部門との調整役を担いました。

最近は海外からの観光客が増えて、多くの企業や自治体が防災にも関心をもつようになっています。そのため、防災関連のセミナーなどで私の経験を話す機会が増えています。

Q この仕事をするには、どんな力が必要ですか？

海外からの観光客を心から歓迎する、ホスピタリティー（おもてなしの心）が必要だと思います。

日本では小さな地震がひんぱんに起きるので、私たちは慣れてしまっています。けれども、例えばオリンピックの準備のために日本へ来ていたブラジルの関係者のみなさんが、ホテルで震度2の地震を体験して、とてもおどろいていたそうです。そんなとき、「ホテルは頑丈につくってあるので大丈夫ですよ」と、きちんとアナウンスをして安心してもらうことが大事です。観光客に対する安全面の確保には、ホスピタリティーが前提になると思います。

2024年に日本大学で開催された、防災に役立つゲームをつくるイベントで講演した。「防災アプリの開発会社として、ゲームに期待することを話しました」

・会社のパンフレット・

・スマートフォン・

Q 仕事をする上で、難しいと感じる部分はどこですか？

防災で利益を得ることが、とても難しいです。サービスを続けるには売上が必要ですが、災害は毎日起こるものではないため、どうしても人々がお金をかける優先順位が低くなります。私自身も、自分の防災の備えが完璧かというとそうではないので、会社でも個人でも事情は同じだと思います。サービス導入を検討中の企業の担当者や海外からの観光客に、必要なものだと思ってもらうにはどうしたらよいか、いつも悩んでいます。

仕事の一環で、防災に関するマンガの編集協力をしました。世の中の人に少しでも防災を身近に感じてもらうために、できることをしていきたいです。

・ノートパソコン・

PICKUP ITEM

大本さんは、「Safety tips」のほかに、災害時に会社が社員の安否確認をしたり、止まってしまった事業の状況を把握して復旧したりすることを、サポートするサービスの営業も担当している。商談のときには会社のパンフレットが欠かせない。会社から貸与されたスマートフォンとノートパソコンは、社内外との連絡や広報ツール作成などすべての業務に使う。

毎日の生活と将来

Q 休みの日には何をしていますか？

球場で野球観戦をしたり、好きなアイドルのライブに行ったりするなど、出かけることもたまにありますが、ゲームをしたり、テレビで野球の試合を観たりと、家で過ごすことの方が多いですね。

ほかには、スーパーで日用品や食料の買い物をしたり、家の掃除をしたりなど、たまった家事をします。もっとこまめに掃除をしたいと思ってはいるのですが、平日は疲れて帰宅するので、その後にやる気になれず、週末までためてしまうことが多いです。

「私はマンガ『ちいかわ』が大好きです。ちいかわに出てくるラーメン屋をイメージしたお店に、食べに行きました」

「地元市民が無料で野球を観戦できる日があるんです。ジャイアンツの2軍の試合を観に行きました！」

Q ふだんの生活で気をつけていることはありますか？

私用のスマートフォンにも「Safety tips」を入れて、災害情報が届くようにしています。台風のような予測できる災害が近づいているときは、ちゃんと通知が発信されているかを意識しながら生活します。洪水など、めったに起きない種類の災害に関する警報が表示されたときは、後で検証できるように画面を写真に残すようにしています。

また、外出先などで天井まで本が積まれた本棚を見ると、固定されているか心配になることがあります。この仕事を始めてから、防災のアンテナが敏感になったと思います。

大本さんのある1週間

	月	火	水	木	金	土	日
05:00	睡眠	睡眠	睡眠	睡眠	睡眠		
07:00	準備・移動	準備・移動	準備・移動	準備・移動	準備・移動		
09:00	打ち合わせ・メール確認	打ち合わせ・メール確認	打ち合わせ・メール確認	打ち合わせ・メール確認	打ち合わせ・メール確認		
11:00	アプリ仕様案作成／上司と打ち合わせ	オンライン打ち合わせ／資料作成	アプリ仕様案作成	デザイナーと打ち合わせ／メールチェック	オンライン打ち合わせ／資料作成		
13:00	ランチ	ランチ	メールチェック	ランチ	ランチ		
15:00	資料作成／取引先と打ち合わせ	問い合わせを頂いた会社を訪問	資料作成	取引先とオンライン打ち合わせ／メールチェック	取引先と打ち合わせ／メールチェック		
17:00	問い合わせ対応／開発担当とミーティング	帰社・資料作成／メールチェック	打ち合わせのため取引先を訪問	取引先とオンライン打ち合わせ	資料作成	休み	休み
19:00	帰宅	帰宅	帰宅	帰宅	帰宅		
21:00	食事・テレビを観る／お風呂	食事・テレビを観る／お風呂	食事・テレビを観る／お風呂	食事・テレビを観る／お風呂	食事・テレビを観る／お風呂		
23:00	YouTubeを観る／ゲームをする	YouTubeを観る／ゲームをする	YouTubeを観る／ゲームをする	YouTubeを観る／ゲームをする	YouTubeを観る／ゲームをする		
01:00							
03:00	睡眠	睡眠	睡眠	睡眠	睡眠		
05:00							

同じ時間に出社して同じ時間に帰宅する、規則正しい毎日だ。資料作成や打ち合わせに多くの時間を費やす。この週は火曜日と水曜日に、取引先などの企業を訪問した。

Q 将来のために、今努力していることはありますか？

　将来というには近すぎますが、明日の自分が少しでも心に余裕をもてるように、日々の業務を効率的にこなす努力をしています。例えば、それぞれの作業にかかる時間を多めに見積もって1日の予定を組む、考え事に結論が出なくても時間で区切って次の作業をする、などです。

　また、まだ取り組めていないのですが、英語をきちんと勉強したいです。じつは英語が苦手で、展示会などで外国の方にうまく説明できずにくやしい思いをすることがあります。外国人向けのアプリにたずさわっているのだから、真剣に勉強しなければいけないと思っています。

「アールシーソリューションは若い社員がたくさん活躍している会社です。力を合わせて、より便利な防災の仕組みを開発したいです」

書籍『マンガで楽しくわかる防災ブック』に、アールシーソリューションが編集協力をした。「私はマンガのキャラクターの権利の管理も担当しています」

Q これからどんな仕事をし、どのように暮らしたいですか？

　これからも、単に災害情報を伝えるだけでなく、人々が進んで「避難経路を覚える」「保存できる食料を備蓄する」などの防災行動を起こせるようなサービスの提供に、たずさわっていきたいです。

　また、観光地のある自治体では、防災と観光で部署が分かれていて、外国人観光客の防災をどちらの部署が担当するか、決まっていないことが多いのが現状のようです。日本で災害にあってもきちんと守られていると感じてもらえるように、それぞれの自治体で防災の仕組みをつくることも大事だと思うので、この会社でできることがあれば協力したいです。

防災アプリディレクターになるには……

　開発担当（エンジニア）と協力し、アプリのアップデートを担う仕事です。一般教養とともに、向上心やコミュニケーション能力が求められるので、大学へ進学することをおすすめします。地球科学の分野では自然災害について学ぶことができます。または観光学を学び、外国人観光客の行動や心理についての知識を得るのもよいでしょう。

```
高校
 ↓          ↓
大学      専門学校
 ↓          ↓
防災サービスをあつかうIT系の会社に就職
```

子どものころ

Q 小学生・中学生のとき、どんな子どもでしたか？

中学では、吹奏楽部でトロンボーンを担当していました。練習を重ねて少しずつリズムや曲調がつかめるようになり、合奏で最終的にひとつの曲になったことがうれしかったです。

部活内で意見がぶつかることもありましたが、私は人と人が対立しているのを見るのが苦手でした。できるだけそのような状況にならないように、おもしろいことを言ってみんなを笑わせ、場を和ませていましたね。今でもこの性格は変わっていないと思います。

授業はまじめに聞いていた方だと思います。好きだった科目は、小・中学校通して、体育や音楽、図工など体や手を動かす教科です。中学時代は、そのときハマっていた、国を擬人化したマンガ『ヘタリア』の影響で、歴史の勉強が好きになりました。

きらいだったのは英語です。単語を覚えるのも大変で、かなり苦手意識がありました。今、外国人向けサービスの仕事をしているにもかかわらずいまだに英語への苦手意識が強いので、これから勉強して克服したいですね。

大本さんの夢ルート

- 小学校 ▶ パン屋

街のパン屋さんが好きで、なんとなくあこがれていた。

- 中学・高校 ▶ とくになし

将来について、考えることはあまりなかった。高校のときも深く考えずに大学へ進学した。

- 大学 ▶ 社会を支える仕事をする人

「遺跡発掘がおもしろそう」と思い、大学では考古学を専攻した。自然地理学の講義で「砂防ダム」を知り、防災に興味をもった。くわしく防災やITについて学んだわけではなかったが、就職活動でさまざまな業界を検討するなかで、社会を支える仕事をしたいと思った。

吹奏楽部のコンクールでトロンボーンを演奏しているところ。「市内のコンクールで銀賞をとりました」

「中学校では、異文化を学ぶ授業がありました。韓国の民族衣装を着ました」

中学の卒業アルバムにのっている大本さん。「気合いを入れて踊った体育祭のソーラン節も、よい思い出です」

Q 子どものころにやっておけばよかったことはありますか？

子どものころはマンガばかり読んでいたので、もっと本を読んで活字に慣れておけばよかったです。同僚に、防災に関する情報を得るのが早い人がいるのですが、新聞を読んで見つけることが多いようです。ふだんから活字を読んでいると早く情報を見つけられるんだなと感じています。

部活動や学校行事はまじめにやっていてよかったです。協調性やコミュニケーション能力など、各方面の意見を調整する今の仕事に役立つ素質はそこで身についたと思います。

Q 中学のときの職場体験は、どこへ行きましたか？

中学2年生のとき、1日だけ介護施設に行きました。いくつかの候補のなかから第3希望くらいまで出して、先生が振り分けて決まった記憶があります。本当はちがうところに体験に行きたかったのですが、似ている施設名と勘ちがいして希望を出してしまい、その施設に決まりました。

施設では、利用者のみなさんといっしょに、体操やレクリエーションをした記憶があります。

Q 職場体験ではどんな印象をもちましたか？

それまで、祖父が入所している施設に面会で行くことはありましたが、1日中施設にいたのは初めてで、人が暮らしている生活の場なんだ、ということを実感しました。そして、職員の方がいろいろなことに配慮しながら働いていることも感じました。

人と接する仕事といえば、飲食店や洋服屋さんなどの接客業しかイメージしていませんでしたが、介護の仕事を間近で見て勉強になりました。ふだんは入れないところに入ることで、世の中には自分の意識していなかった職業があると知ることができたので、いい経験だったと思います。

Q この仕事を目指すなら、今、何をすればいいですか？

旅行や遠出をしたときに、今大きな地震が起きたらどうすればいいかを、考えるくせをつけておくといいかもしれません。「見知らぬ土地で災害にあったら」と仮定すると、今の観光地やホテルの表示で足りない部分や、もっとこうだったらいいのに、という部分が見えてくると思います。

また、ふだんの生活でも、身のまわりの多言語の案内にどんなものがあるか、意識してみるといいと思います。日本で暮らす日本人とはちがう視点をもつことが、海外からの観光客や日本で暮らす外国人にも役立つ防災の仕組みをつくるのに、活かされるかもしれません。

日本語がわからない外国人に対しても、災害への備えをうながせる仕組みをつくります

- 今できること -

ふだんの暮らし

地域住民が主催する小・中学校でのお祭りや、自治会・町内会のイベントで、地域に住む外国人と楽しく交流を深めましょう。また地域の防災訓練に参加して、外国人のための取り組みに注目しましょう。そこで行われることは、海外からの観光客に必要な配慮とほぼ同じです。また、非常時にSNSなどで事実とは反する「デマ」が拡大する危険性についても知りましょう。日本語がわからない人がもつ不安を想像することが、海外からの観光客をふくめた防災対策の第一歩になります。

 社会
地理の分野で、日本で起きる自然災害をよく学びましょう。被災することを前提とした「減災」の考え方も知り、まずは個人個人でできることについて考えましょう。

 理科
地震を体験したことのない外国人にも危険を知らせる仕事です。大地の変化や天気の仕組みの分野で、自然災害が起こるメカニズムについての知識を得ましょう。

 技術
情報・プログラミングの授業で、プログラミングの基礎と、情報を適切に活用する力を養いましょう。

 英語
人の命を左右する重要な情報を、日本語以外の言語で発信する仕事です。世界の防災に関する情報を得るためにも、英文を書く力と読む力を身につけましょう。

File No.281

インバウンドメディアの運営
Inbound Tourism Media Manager

MATCHA
青木 優さん
創業12年目 35歳

日本の魅力を
上手に発信することで
日本のファンを
増やします

多くの自治体や会社が、WEBサイトやSNSを使って海外からの観光客をよびこむための情報を発信しています。より効果的に、より効率的に発信するためのサービスを提供する会社があります。株式会社MATCHAを経営している青木優さんにお話を聞きました。

Q インバウンドメディアの運営とはどんな仕事ですか？

私たちの会社では、海外からの観光客に向けて日本の情報を発信するWEBメディア『MATCHA』を運営しています。観光場所の情報のほか、ホテルや温泉、グルメ、ショッピング、アクセス情報など、インバウンドに特化した記事を10の言語で発信しています。記事は、日本に住んで日本のファンになった多くの外国人編集者にも執筆してもらっています。

観光収入を求めて、外国人観光客に来てほしいと考える自治体や企業が増えています。そのためには、外国人にとって魅力的な情報の発信が重要です。しかし、WEBサイトでの多言語発信には費用も人材も必要ですし、多くても3か国語程度の場合がほとんどです。情報の更新にも手間がかかります。そこで私たちは、「MATCHA Contents Manager」というサービスも立ち上げました。自治体や企業の担当者などが書いた記事を自動で5つの言語に翻訳し、『MATCHA』に投稿できる有料のサービスです。

このほか、自治体や企業とインバウンド戦略※をともに考える仕事もしています。例えば、発酵食の文化が盛んな愛知県に、発酵（HAKKO）を切り口にした地域の魅力の発信を提案しました。この新たな事業も、観光客に来てもらう効果的な方法がわからない自治体や企業に喜ばれています。

人手不足などにより、各地の文化が消滅の危機にあります。私はそれらを世界に発信し、興味をもってもらうことで盛んにしたいと考えています。日本の観光業を盛り上げるため、さまざまな方法を考えて実施するのが私の仕事です。

青木さんのある1日

09:30	出社。会社の株主と打ち合わせ
10:00	社内打ち合わせ
11:00	銀行の担当者と打ち合わせ
11:30	旅行会社の担当者と打ち合わせ
13:00	社内打ち合わせをしながらランチ
14:30	自治体の担当者と打ち合わせ
15:00	自社の役員と打ち合わせ
16:30	企業の担当者と打ち合わせ
17:30	社内打ち合わせ
18:30	企業の担当者と打ち合わせ
19:00	退社

『MATCHA』のサイト画面。上の写真は日本語、下の写真は中国語で表示させたもの。

MATCHA企画の「インバウンドサミット」

2020年から株式会社MATCHAが毎年開催しているイベントで、インバウンド戦略に関心のある人たちが集まって議論する。自治体の観光課の担当者、旅行業や飲食業の関係者、インバウンド向けのアプリやWEBサイトの運営にたずさわる人などが参加している。日本がもつ力や可能性をみんなで考え、今後の戦略に関する議論を行い、新たな発見や施策につなげるための場になっている。

2024年のインバウンドサミットでは、さまざまな業界の人たちが、これからのインバウンド戦略について壇上で議論をくりひろげた。703人が来場し、3500人がオンラインで視聴した。

用語 ※ インバウンド戦略 ⇒ 訪日観光客をたくさんよびこむための計画や工夫のこと。

仕事の魅力

Q どんなところがやりがいなのですか？

　私たちの当たり前が、外国人にはめずらしいもので魅力的、ということは多いです。例えば、日本人はよく銭湯や温泉に行きますが、海外からの観光客にとっては「一度は行ってみたい」というあこがれの体験です。つまり、私たちの何気ない日常に、事業に活かせるアイデアがあるかもしれません。このように、暮らしのなかでふれることのすべてが利益を生むチャンスになり得るところに、やりがいがあります。

　日本は地域ごとに特色があり、四季もあって、とてもおもしろい国です。海外からの観光客におもしろがってもらえるものは、数えきれないほどあるはずです。

Q 仕事をする上で、大事にしていることは何ですか？

　発信する情報に関して、自分でその場所へ行き、五感で感じることを大事にしています。

　今は世界中に情報があふれていて、知識だけはすぐに得られる時代です。でも、企業のインバウンド担当などに何かを提案するときに、体験して感じたこともいっしょに伝えると説得力が増します。そのため、国内外を問わず、できるだけいろいろな場所に行って体験をするようにしています。

休みをとって北ヨーロッパへ出かけたという社員へ話しかける青木さん。旅行体験への興味はつきない。

Q なぜこの仕事を目指したのですか？

　日本と世界をつなぐ仕事がしたいと思ったからです。

　私は大学4年生のときに1年間休学し、世界一周旅行をしました。その際、マンガやアニメ、和食など、日本の文化が世界中で受け入れられていることを実感しました。同時に、それにもかかわらず日本人がその場にいないし、それを活かした商売をしていない、という現実を知りました。

　日本と世界をつなぐ方法として、映像のもつ力に興味をもったので、大学卒業後は日本のいろいろな地域の魅力を世界に伝える映像を制作する会社に就職しました。しかし働くうちに、すばらしい映像をつくっても、それを広げる工夫がないと世界には伝わらないと考えるようになったんです。大学2年生のときにインターンシップ※で働いた経験から、将来は自分で事業を起こすと決めていたこともあり、「それなら自分が日本文化を世界に広げる仕事をしよう」と考えて、この会社を立ち上げました。

お客さんとの話に出た日本の発酵食の文化について、スタッフどうしで話をする。「このような会話から仕事のアイデアが生まれます」

「インバウンドサミット2024」で登壇した。「インバウンド業界の現状と、のびしろについて話しました」

用 語 ※ インターンシップ ⇒高校生、専門学生、大学生などが、将来の職場を選択するために企業につとめる体験をすること。

Q 今までにどんな仕事をしましたか？

2020年ごろ、感染症の世界的な流行によって会社の売上が半分になり、社員数が3分の1になってしまいました。ところが会社の状況とは逆に、自治体や大手企業は感染症流行の収束後を見すえて、インバウンド対策をやる気満々だったんです。そんな彼らから「お金をかけて多言語WEBサイトやPR映像をつくったけれど、外国人に届かないし、届け方がわからない」という声を多く聞きました。そこで、運営している『MATCHA』を活用することを思いつき、地元の人が記事を書いて多言語で発信できる有料サービス「MATCHA Contents Manager」を開発したんです。コロナ禍のなか、1年以上かけて開発に取り組みました。

『MATCHA』は今、世界240の国・地域から月に340万人の閲覧者が訪れるメディアになりました。地元の人が直接、最新情報を発信する仕組みは、海外からの観光客にも喜ばれています。

埼玉県のNPO法人AEAでは、子どもたちが埼玉の魅力を伝える記事を書き、「MATCHA Contens Manager」を使って発信。そのことを『MATCHA』でも紹介した。

Q 仕事をする上で、難しいと感じる部分はどこですか？

社員がやめてしまうときがつらいです。入社するときはだれしも、期待とともに入ってくるはずです。それなのにやめてしまうということは、その人の仕事をする上での理想と現実にギャップがあったのだろうと思います。経営者としての自分の力不足を感じて、落ちこみますね。

そんなときは、「穴が開いた場所には自然と新しい風がふいてくる」と考えて、新しいアイデアを考えたり人に会ったりして、意識して気持ちを切りかえるようにしています。

Q この仕事をするには、どんな力が必要ですか？

変化をおもしろいと思える力と、好奇心が必要だと思います。例えば、かつては旅行といえば旅行会社が提供するツアーに申しこんで、決められたホテルに泊まることが当たり前でした。でも今は、アニメ作品やSNSにふれて興味をもった場所に個人で行き、民泊をする人が増えています。

時代はいつも変化しているので、日本と世界をつなぐための仕事をするには、自分もそれに合わせて変化しなければなりません。今までの「ふつう」や「当たり前」にこだわらず、好奇心をもって時代の流れにのることが大切です。

・ノート・
・名刺入れ・
・急須と湯呑み・

PICKUP ITEM

青木さんのもとには、インバウンドに関する事業の相談が次々にくる。たくさんの人と会って打ち合わせをするので、大量の名刺が必要だ。仕事はほとんどパソコンを使うが、気づいたことや思いついたアイデアをその場でメモするために、ノートが欠かせない。急須と湯呑みはオフィスで息抜きをするときの常備品だ。毎日いれたてのお茶を楽しんでいる。

毎日の生活と将来

Q 休みの日には何をしていますか？

映画を観たり本を読んだりすることが多いです。仕事柄、目上の方や経営者の方とお会いする機会がたびたびあり、そのようなときにすすめていただいたものには目を通すようにしています。最近読んだ本では、備中松山藩（現在の岡山県のあたり）の山田方谷という人に関する本がおもしろかったです。江戸時代に破綻寸前だった藩の財政を立て直した学者さんのお話でした。

映画も好きです。ジャンルに関係なく気になったものを観ています。動画配信サービスのオリジナルドラマも結構観ています。

「北海道の旭岳でスノーボードをしました。世界のスキーヤーやスノーボーダーがあこがれる、最高のゲレンデでした」

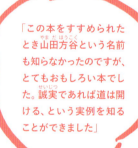

「この本をすすめられたとき山田方谷という名前も知らなかったのですが、とてもおもしろい本でした。誠実であれば道は開ける、という実例を知ることができました」

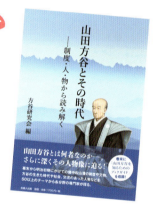

Q ふだんの生活で気をつけていることはありますか？

お世話になった方へのお礼を、当日か翌日には必ず伝えるようにしています。直接伝える、メールを送るなど手段はさまざまです。先日開催した「インバウンドサミット2024」では、60人ほどの方が登壇して講演をしてくださいました。個別にメッセージを送るのは時間もかかりますが、それがまた次の仕事やイベント、新たな人材の紹介につながるかもしれないので、人にまかせず自分で全員にお礼の気持ちを伝えることが大事だと思っています。

青木さんのある1週間

自宅や社内外で、オンラインミーティングに参加することも多い。講演会で話をする仕事もある。インターネット投稿サービス「note」への定期的な執筆も欠かさない。

時間	月	火	水	木	金	土	日
05:00	睡眠	睡眠	睡眠	睡眠	睡眠		
07:00	食事や準備	食事や準備	食事や準備	食事や準備	食事や準備		
09:00	社内ミーティング	社内ミーティング	考えを整理する	出社	考えを整理する		
11:00	出社・事業報告など	移動	オンラインで企業と打ち合わせ	社内ミーティング	公演会の準備		
13:00	投資家と打ち合わせ	シンポジウムに登壇	社内ミーティング	ランチ	出社・社内ミーティング		
15:00	ランチ	ランチ	ランチ	社内ミーティング	ランチ		
17:00	社内ミーティング 役員と打ち合わせ 企業と打ち合わせ 社内ミーティング	移動・出社 社内ミーティング 退社	自治体と打ち合わせ 企業と打ち合わせ	銀行と打ち合わせ 企業と打ち合わせ 退社	社内ミーティング オンライン公演会に出演 社内ミーティング	休み	休み
19:00	退社 夕食	noteの記事執筆 夕食	社内ミーティング noteの記事執筆 夕食	退社 夕食			
21:00	読書など	読書など	読書など	読書など	読書など		
23:00							
01:00							
03:00	睡眠	睡眠	睡眠	睡眠	睡眠		

Q 将来のために、今努力していることはありますか？

経営力を高めるために、本を読む、人と会って話を聞く、などの努力をしています。私が考える経営力とは、会社の存続のためにかかげた目標を達成できるようにする力と、プロジェクトを発案したときに、声をかけた人から「よし、いっしょにやろう」と協力してもらえるような人間力です。

私は将来、この会社が提供するサービスを、海外の人と日本文化をつなぐ基盤となる、世の中になくてはならないものにしていくことを目指しています。そのためには、今は自分の経営力を高め、会社としてきちんとお金をかせぐ体制を整えることが必要だと考えています。

「2022年にこのオフィスに移転しました。社員どうしの熱量が伝わりやすくなり、引っ越しは大正解でした。オンラインミーティング専用の個室もあります」

「熱意をもって観光にたずさわる人の、情熱の源は何だろうと、よく考えます。考えを言語化できたら、すぐにノートにメモします」

Q これからどんな仕事をし、どのように暮らしたいですか？

私は人生のテーマを「日本の魅力を世界に届けること」と決めているので、ずっとそれを続けていきたいです。

世の中にはさまざまなブランド商品がありますが、それらを提供している企業には、ブランドの価値を高めるために商品の見せ方や売りこみ方を考え、責任をもつ「ブランドマネージャー」という役割の人がいます。私は、日本という国をひとつのブランドに見立てて、「日本のブランドマネージャー」になりたいです。今の事業の中心である観光業に限らず、世界中の人を日本のファンにするための会社として成長し続けたいです。

インバウンドメディアの運営の仕事をするには……

旅行者が旅行しやすい環境などについて研究する観光学をあつかう大学へ進学し、インバウンド施策について学ぶのも一案です。また、社会学部や経済学部、商学部でも、望ましい観光のあり方を考えたり、外国人観光客に的をしぼったマーケティングを学んだりできます。国際学部で諸外国について学ぶのもおすすめです。

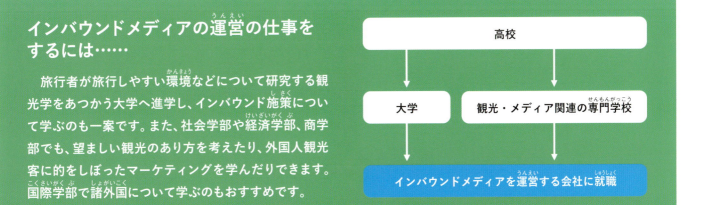

子どものころ

Q 小学生・中学生のとき、どんな子どもでしたか？

幼いころは内向的で、自分の意見を言うことはほとんどありませんでした。小学4年生のときに少林寺拳法を習い始め、そこから自信がついたのか、自分の考えを人に言えるようになりました。

中学では卓球部に入りましたが、インターネットで知らない人たちと交流することにすっかりハマったので、部活はおざなりでした。ためていたお年玉で自分のパソコンを買ったんです。授業と部活以外の時間はほとんど家でパソコンをさわっているような状態だったので、学校行事などの記憶はほとんどありません。

勉強は、小・中学校では授業以外はほとんどしませんでした。中学の英語のテストで、ある問題が正解だったことがうれしくて、英語だけは好きになって勉強するようになりました。よくある単語の並べかえ問題だったのですが、なぜか自分のなかでスイッチが入ったんです。その結果、英語教育に力を入れている高校への進学を決めました。

高校では野球部に入りました。中学のときとはちがい、がんばりました。2年のときには、有志で集まってテレビ番組のダンス企画にも参加したんです。今思い出しても中学生のころとの変わりようにおどろきますが、自分で入りたい高校を決める、という体験をしたことが大きかったんだと思います。人生は何が転機になるかわからないものです。

青木さんの夢ルート

小・中学校 ▶ とくになし

小学校時代の記憶はほとんどなく、将来の夢は考えていなかった。中学校での記憶もあまりないが、少林寺拳法の先輩の影響を受け、高校の志望校を決めた。

▼

高校 ▶ とくになし

将来、サラリーマンになるというイメージすらもなかった。

▼

大学 ▶ 起業家

大学2年のとき、将来に起業という選択肢があることを知り、いずれ自分で会社を立ち上げることを決めた。

「中学の卓球部のみんなと撮った写真です。前列の右から2番目が私です」

中学生のころに使っていた将棋の駒。「少林寺拳法とともに、将棋は自分の柱になっていたと思います」

Q 子どものころにやっておいてよかったことはありますか？

将棋をやっていてよかったと思います。幼少期に祖父から教えてもらいました。中学生のころは、月に1回ほどですが東京・渋谷区の将棋会館にも通って指していました。

数手先まで相手の動きを読む、ピンチのときにこの状況をどう切りぬけるか考えるなど、つねに頭を働かせることがくせになったので、仕事でも役立っています。今でも将棋は好きで、ときどき指していますね。

Q 中学のときの職場体験は、どこへ行きましたか？

私の通っていた学校は、職場体験がありませんでした。

自分の人生に影響をあたえたのは、少林寺拳法だったと思います。少林寺拳法でいっしょだった1学年上の先輩から入学した高校の話を聞き、自分もそこへ行こうと決めたのが、自分の意志で何かを決めた最初の体験でした。今思うと、この決断がその後の人生のすべてにつながるものでしたね。

働くことに関心がなかった私が「仕事」を初めて意識したのは、大学生のときです。自分でものを売るという体験を初めてしたんです。

Q この仕事を目指すなら、今、何をすればいいですか？

なるべくたくさん、外国人と交流するといいと思います。例えば、道で困っている外国人を見かけたら話しかける、などの挑戦をしてみてください。それが喜ばれたら成功体験になり、もっと交流してみようと思うようになります。

また、外国人に対して、日本や自分の住む街について話をすると、今まで当たり前すぎて意識していなかった街のいいところに気づけます。世界に日本のよさを広める仕事をするなら、日本の内側から見えていることだけではなく、外からどう見えているかという視点をもつことが、とても大切です。

Q ものを売る体験ではどんな印象をもちましたか？

大学で入ったテニスサークルの活動をするために必要なお金が足りなかったので、持っていた服をSNSを通じて売ったんです。それが意外にも、ある程度の金額になったことから、自分の力でかせぐ楽しさを知りました。

その後、インターンシップに行った企業が、将来自分で事業を起こしたい学生を多く受け入れている会社だったため、「起業」の選択肢が自分のなかに生まれました。必要にせまられてお金をかせいだ経験が、今につながっています。

海外から観光客に来てもらうためのメディアを運営して、日本のよさを世界中に伝えます

― 今できること ―

ふだんの暮らし

学校の部活動のなかにESS（English Speaking Society）があったら、参加してみましょう。ネイティブの先生と日常的にコミュニケーションをとることもよいでしょう。自分たちの住む街、または日本のよいところを英語で海外に紹介する取り組みが、日本の文化について深く考えるよい機会になります。

また学校によっては、海外の学校と生徒どうしの交流をはかるプログラムを用意しています。機会があれば積極的に参加しましょう。

 国語 海外へ日本に関する情報を発信するには、まずは日本語の作文力が必要です。自分の言いたいことを文章にする力を養うために、作文の課題に力を入れましょう。

 数学 会社の経営やサイトの運営では、数値からあらゆることを分析します。データの活用についてしっかり学びましょう。

 社会 地理分野で、世界各国の特徴をよく学びましょう。効果的な施策を練るには、さまざまな国に対する興味が不可欠です。

 英語 海外からの観光客は英語を理解する人の割合がもっとも大きいので、情報発信には英語力が必須です。語彙を増やし、読み書きの基礎を身につけましょう。

仕事のつながりがわかる
インバウンドの仕事関連マップ

ここまで紹介したインバウンドの仕事が、それぞれどう関連しているのかを見てみましょう。

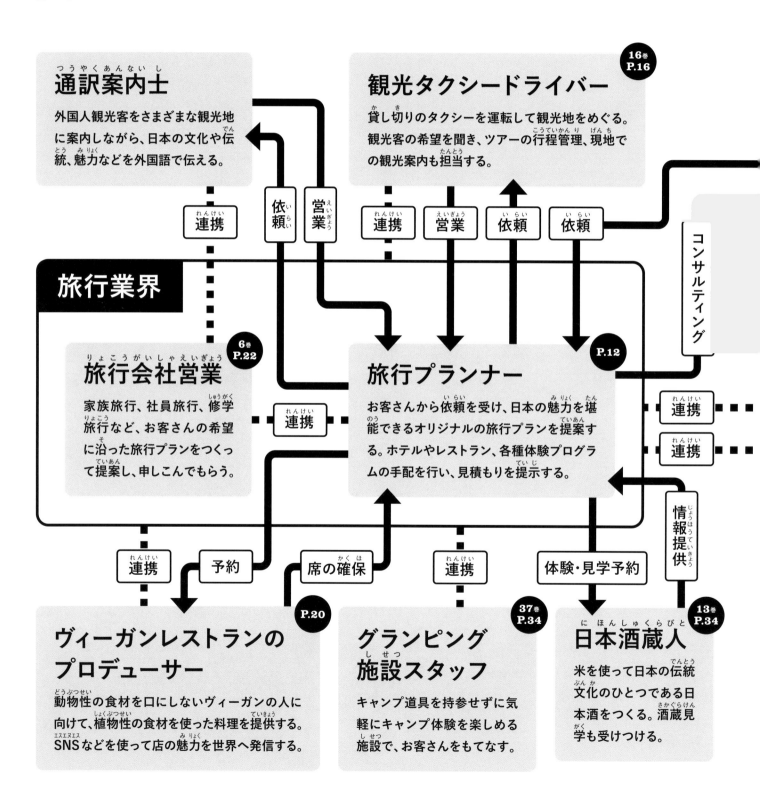

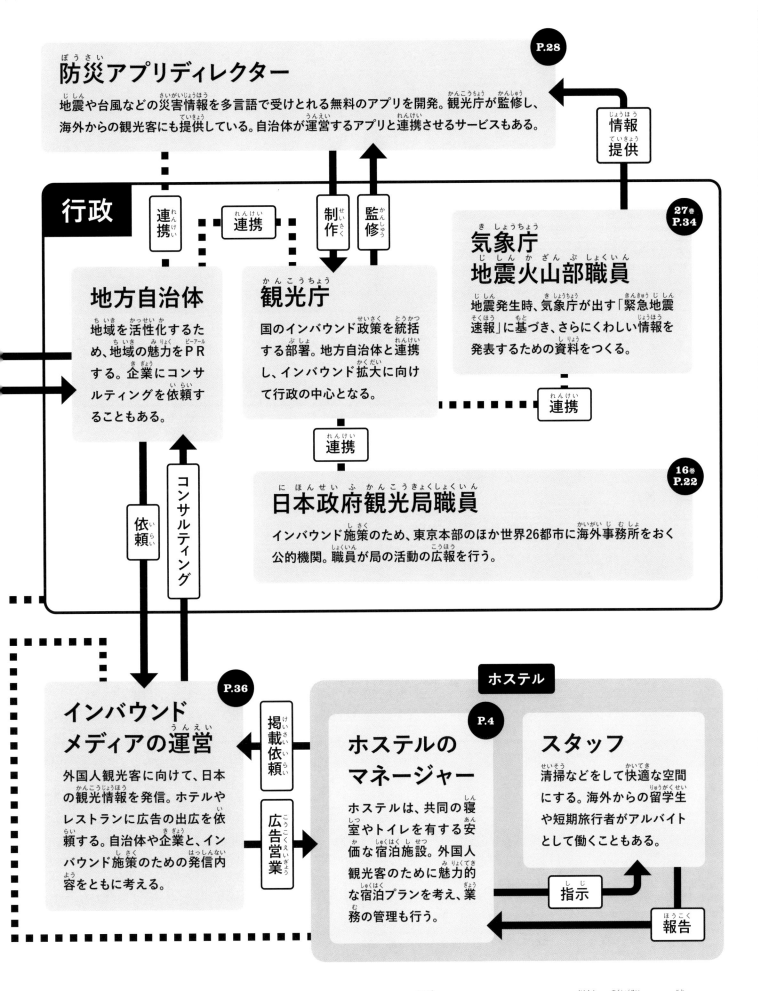

これからのキャリア教育に必要な視点 50

インバウンド戦略の先にあるもの

▶「観光」から「定住」へ

インバウンドとは「外から中へ入ってくる」という意味の英単語で、観光業では「外国人の訪日旅行」や「海外からの観光客」のことをさします。2024年の1年間に日本を訪れた外国人の数は、過去最多の3686万人を記録しました。海外からの旅行客が増えた要因には、外国に比べると日本の物価の上昇率がゆるやかであること、円安の影響で安く観光できること、日本に滞在する際のビザ取得手続きが簡単になったことなどが挙げられます。SNSなどで、日本の伝統文化や四季折々の風景、安全性の高さ、質の高いサービスの情報が瞬時に広く知られるようになり、世界中の旅行者にとって、日本は魅力的な観光先になっています。

多くの外国人観光客に、国内でより多くの消費をしてもらうことは、日本経済全体の成長につながります。さらに長い目で見ると、観光をきっかけに日本に親しみをもち、長く住んでもらう人を増やす取り組みも検討されています。なぜなら、日本は今後も高齢化と人口減少が進み、働き手が不足することが確実だからです。多くの外国人に日本に働きに来てもらうことが期待されるので、そのためにはインバウンドを単なる「観光」で終わらせず、外国人が住みやすく、働きやすくなるような環境の整備も、同時に行う必要があるのでしょう。

▶ 教室内でも広がる多様性

日本へ働きに来た労働者に家族がいた場合、その子どもは日本の学校に通うことになります。文部科学省の調査で、2024年5月時点の「公立学校における日本語の指導が必要な外国籍の児童生徒」は5万7718人、つまりクラスに平均1～2人いるとわかりました。海外にルーツをもつ子どもがこの10年毎年増えており、教室内の多様性が広がっています。

そのため、教師は「これまでの教育」が通用しない場面に多く遭遇しています。言葉がわからず授業についていけない、文化のちがいによるコミュニケーションのすれちがいから

「観光立国」を目指す日本のインバウンド戦略

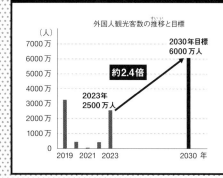

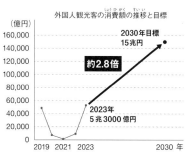

日本政府は、観光による収入によって日本の経済を支える「観光立国」を目指している。2030年の外国人観光客数の目標を6000万人、消費額を15兆円にのばす目標をかかげている。観光客数よりも消費額の増加率の目標が高いことで、観光客それぞれにより多くの消費を期待する狙いがわかる。

参考：2024年7月第24回観光立国推進閣僚会議より

提供：新宿区立大久保小学校

東京都の新宿区立大久保小学校は、児童の6割が外国にルーツをもつ。夏休みの過ごし方のおたよりなども、インド、カナダ、韓国、タイ、ネパール、バングラデシュ、フィリピン、ベトナムの言語と日本語の9か国語分を用意して配布する。写真は、全員参加の茶道教室のようす。

不登校につながる、などの例は少なくありません。子どもたちが言葉や文化をおたがいに理解し合い、安心して学校生活を送れるようにするために、学校の先生たちも新たな対応をしなくてはならない状況になっています。

さまざまな背景をもつ子どもが集まる学校で、自分とはちがう意見や価値観を柔軟に受け入れる「真の多様性」をもつことは、とても重要です。子どものころから多文化・多様性にふれることで、他者への理解や尊重の気持ちが深まりやすくなるでしょう。

▶ 変化を楽しむ姿勢で取り組もう

この本に登場するホステルのマネージャーは、自分の考える接客や清掃の質に対する基準を、外国人をふくむ従業員にも求めざるを得ないけれども、それぞれの育った環境や文化のちがいも尊重する必要があると語っています。調和を大切にする日本では、「言葉にしないこと」や「あいまいな言いまわし」が美徳とされてきた側面があります。しかしこれは、文化の異なる外国人には通用しないため、自分の考えを明確な言葉にして話し合おうとする努力が不可欠です。

また、多言語対応の防災アプリディレクターは、地震に慣れていない外国人観光客が日本で地震にあったときには「『ホテルは頑丈につくってあるので大丈夫ですよ』と、きちんとアナウンスをして安心してもらうことが大事」だと指摘しています。この言葉からは、地震の多い国とめったにない国のちがいに気づかされます。

外国の人たちをむかえ、ともに過ごすには、"環境や文化、価値観の異なる人々との出会いを楽しむ"という姿勢が大切です。"わかり合いたい"という気持ちが、相手を心から歓迎するホスピタリティーにつながるからです。

観光業や学校教育には、課題も多いです。しかし、インバウンドのための施策をチャンスをとらえ、変化を楽しむ気持ちを大事にすることで、日本の経済成長とともに、他者を尊重できる人が育つことにつながるのではないでしょうか。

PROFILE
玉置 崇

岐阜聖徳学園大学教育学部教授。愛知県小牧市の小学校を皮切りに、愛知教育大学附属名古屋中学校や小牧市立小牧中学校管理職、愛知県教育委員会海部教育事務所所長、小牧中学校校長などを経て、2015年4月から現職。数学の授業名人として知られる一方、ICT活用の分野でも手腕を発揮し、小牧市の情報環境を整備するとともに、教育システムの開発にも関わる。文部科学省「校務におけるICT活用促進事業」事業検討委員会座長をつとめる。

構成／酒井理恵

さくいん

あ

ＩＴ …………………………… 29、30、33、34

アップデート …………………………… 29、33

ESS（English Speaking Society） ………… 19、43

インターンシップ ……………………… 38、43

インバウンド …… 5、24、37、38、39、41、44、45、46、47

インバウンドサミット ……………… 37、38、40

インバウンド戦略 ……………………… 37、46

インバウンドメディアの運営 …… 36、37、41、45

ヴィーガン ………… 20、21、22、23、24、25、27、44

ヴィーガンレストランのプロデューサー … 20、21、24、25、44

か

観光コンサルティング ………………… 15

観光庁 …………………… 29、30、31、45

気象庁 ……………………………… 29、45

緊急地震速報 ………………… 29、30、45

警報 …………………………… 28、29、32

グラフィックデザイン ………………… 23、26

さ

災害 ………… 28、29、30、31、32、33、35、45

砂防ダム …………………………… 30、34

地震 ……………… 29、30、31、35、45、47

宿泊施設 ……………… 5、9、13、17、45

職場体験 ……………… 11、19、27、35、43

Safety tips ………………… 29、30、31、32

た

台風 …………………………… 29、32、45

多言語 ……… 28、29、30、35、37、39、45、47

多言語防災アプリ ……………………… 29

津波 ……………………………………… 29

な

内閣府 …………………………… 29、31

は

ネイティブ ………………… 10、11、18、43

バックパッカー …………………………… 6

東日本大震災 …………………………… 30

避難指示 ………………………………… 29

避難情報に関するガイドライン ………… 31

フードダイバーシティ …………………… 21

ブランドマネージャー …………………… 41

プロデューサー ……………………… 21、25

噴火 ……………………………………… 29

ペンション ………………………………… 5

防災 ………… 28、29、30、31、32、33、34、35

防災アプリディレクター ……… 28、29、33、45、47

ホームステイ …………………………… 11

ホステル ………………… 4、5、6、9、45

ホステルのマネージャー ……… 4、5、9、45、47

ホスピタリティー ………… 23、24、31、47

ホテル …… 5、9、13、14、15、17、31、35、37、39、44、45、47

ま

『MATCHA』 ……………………… 37、39

MATCHA Contents Manager …………… 37、39

マネージャー …………………… 4、5、7、9

民宿 ……………………………………… 5

民泊 …………………………………… 5、39

ムスリム ………………………………… 22

ら

留学 …………………………… 14、17、18

留学生 ………………………… 6、7、11、45

旅館 ……………………………………… 5

旅行プラン ……… 12、13、14、15、17、23、44

旅行プランナー ……… 12、13、17、19、44

【取材協力】

株式会社FIKA　https://fika.tokyo/
みちトラベルジャパン株式会社　https://www.michitravel.com/jp/
TOKYO-T's株式会社　https://ts-restaurant.jp/
アールシーソリューション株式会社　https://www.rcsc.co.jp/
株式会社MATCHA　https://company.matcha-jp.com/

【写真協力】

新宿区立大久保小学校　p47

【解説】

玉置 崇（岐阜聖徳学園大学教育学部教授）　p46-47

【装丁・本文デザイン】

アートディレクション／尾原史和（BOOTLEG）
デザイン／坂井 晃・角田晴彦（BOOTLEG）

【撮影】

平井伸造

【執筆】

酒井理恵　p4-11
和田全代　p12-27
安部優薫　p28-43

【イラスト】

フジサワミカ

【企画・編集】

佐藤美由紀・山岸都芳（小峰書店）
常松心平・鬼塚夏海（303BOOKS）

キャリア教育に活きる！
仕事ファイル50
インバウンドの仕事

2025年4月6日　第1刷発行

編　著　小峰書店編集部
発行者　小峰広一郎
発行所　株式会社小峰書店
　　　　〒162-0066　東京都新宿区市谷台町4-15
　　　　TEL 03-3357-3521　FAX 03-3357-1027
　　　　https://www.komineshoten.co.jp/
印　刷　株式会社精興社
製　本　株式会社松岳社

©2025 Komineshoten　Printed in Japan
NDC 366　48p　29×23cm
ISBN978-4-338-37303-6

乱丁・落丁本はお取り替えいたします。
本書の無断での複写（コピー）、上演、放送等の二次利用、翻案等は、著作権法上の例外を除き禁じられています。本書の電子データ化などの無断複製は著作権法上の例外を除き禁じられています。代行業者等の第三者による本書の電子的複製も認められておりません。

第7期 全5巻

㊳ ライフラインの仕事

原油調達オペレーター、鉄道保線員
送電用鉄塔工事の現場監督
エネルギープラントのプロジェクトエンジニア
ネットワークインフラエンジニア

㊴ デザインの仕事

近距離モビリティ設計者、公共トイレの設計者
WEB グラフィックデザイナー、ランドスケープデザイナー
コミュニティデザイナー

㊵ ケアの仕事

アスリート専門のスリープトレーナー
トリマー、柔道整復師専任教員、助産師
大人用紙おむつアドバイザー

㊶ 子どもの仕事

アトラクション製品メーカーの営業担当
栄養教諭、玩具の試作開発者
助産師ユーチューバー、児童心理司

㊷ 起業家の仕事

食用バラの6次産業化経営
スタートアップ企業の経営
仕事と住居問題を解決するソーシャルビジネス運営
ファッションブランド経営、授業開発者

第8期 全5巻

㊸ 動画の仕事

料理動画クリエイター、映像監督
映像制作用カメラ企画スタッフ
クリエイティビティ・エバンジェリスト
配信用映画の調達担当者

㊹ 流通の仕事

郵便物等の輸送企画担当者
ファッションEC サービス運営会社の物流拠点スタッフ
総合スーパーの食器バイヤー
マグロ仲卸会社の営業担当者
LNG 輸送プロジェクトの営業担当者

㊺ 笑いの仕事

芸人、落語家、放送作家
お笑いライブの制作会社スタッフ
ラジオ番組ディレクター

㊻ AIの仕事

生成AI活用アプリの開発者、AI開発支援アプリの開発者
内視鏡AI開発者、配膳ロボットの企画担当者
AI専門メディア編集長

㊼ 職人の仕事

バイオリン職人、寿司職人、ジュエリー作家
靴職人、左官職人

第9期 全5巻

㊽ ロボットの仕事

コミュニケーションロボットの営業
スマートロボットの研究者
協働ロボットの開発者
自動搬送ロボットのエンジニア
ガンプラの金型職人

㊾ ゲームの仕事

ゲームデザイナー、キャラクターデザイナー
声優、ボードゲーム編集者
リアル謎解きゲームの企画営業

㊿ インバウンドの仕事

ホステルのマネージャー、旅行プランナー
ヴィーガンレストランのプロデューサー
防災アプリディレクター
インバウンドメディアの運営

51 伝統芸能の仕事

能楽師、箏奏者、歌舞伎の衣裳方
舞台プロデューサー、郷土芸能道具の職人

52 ライフイベントの仕事

ジェンダーフリー・ウエディングプロデューサー
ユニバーサルデザインの晴れ着店スタッフ
エンディングプランナー
和菓子店の店長、フローリスト